Elemente der Mathematik

EdM

Klassenarbeitstrainer

Nordrhein-Westfalen 5

Herausgegeben von
Friedrich Suhr
Werner Ladenthin
Matthias Lösche

Schroedel
westermann

Elemente der Mathematik

EdM

Klassenarbeitstrainer

Nordrhein-Westfalen **5**

Herausgegeben von

Friedrich Suhr, Werner Ladenthin, Matthias Lösche

Bearbeitet von

Marco Bräuer, Dr. Holger Reeker

sowie Günter Kämpfert, Dr. Gudrun Kopka, Verena Schäffer

Bildquellen:

Umschlag: iStockphoto.com, Calgary (italianestro); 15.1: Getty Images, München (Dorling Kindersley);
20.1: iStockphoto.com, Calgary (Antagain); 59.1: Burchardt Büsing, Hannover;
61.1: Landesmedienzentrum Baden-Württemberg, Stuttgart.

westermann GRUPPE

© 2014 Bildungshaus Schulbuchverlage
Westermann Schroedel Diesterweg Schöningh Winklers GmbH, Braunschweig
www.schroedel.de

Druck A^5 / Jahr 2019
Alle Drucke der Serie A sind im Unterricht parallel verwendbar.

Redaktion: Katja Bouché
Illustrationen: Hans-Jürgen Feldhaus, Münster
Zeichnungen: Langner & Partner, Hemmingen
Umschlaggestaltung: LIO Design GmbH, Braunschweig und Sandra Grünberg, Braunschweig
Innenlayout: JANSSEN KAHLERT Design & Kommunikation GmbH, Hannover und Sandra Grünberg, Braunschweig
Satz: imprint, Zusmarshausen
Druck und Bindung: Westermann Druck GmbH, Braunschweig

ISBN 978-3-507-**23085**-9

Inhaltsverzeichnis

Lern-Hilfen zur Vorbereitung auf die Klassenarbeit 5
Lern-Tipps 5
Klassenarbeitsplaner 9

1. Natürliche Zahlen und Größen 11
Zum Aufwärmen: Verstehen und Üben 11
Klassenarbeit 1.1 21
Klassenarbeit 1.2 23
Klassenarbeit 1.3 25
Klassenarbeit 1.4 27
Klassenarbeit 1.5 29

2. Rechnen mit natürlichen Zahlen 31
Zum Aufwärmen: Verstehen und Üben 31
Klassenarbeit 2.1 46
Klassenarbeit 2.2 48
Klassenarbeit 2.3 50
Klassenarbeit 2.4 52

3. Körper und Figuren 54
Zum Aufwärmen: Verstehen und Üben 54
Klassenarbeit 3.1 60
Klassenarbeit 3.2 62
Klassenarbeit 3.3 64
Klassenarbeit 3.4 66

4. Flächen- und Rauminhalte 68
Zum Aufwärmen: Verstehen und Üben 68
Klassenarbeit 4.1 78
Klassenarbeit 4.2 80
Klassenarbeit 4.3 82
Klassenarbeit 4.4 84
Klassenarbeit 4.5 85

5. Anteile – Brüche 86
Zum Aufwärmen: Verstehen und Üben 86
Klassenarbeit 5.1 96
Klassenarbeit 5.2 98
Klassenarbeit 5.3 100
Klassenarbeit 5.4 102
Klassenarbeit 5.5 104

Lösungen 106
1. Natürliche Zahlen und Größen 106
2. Rechnen mit natürlichen Zahlen 111
3. Körper und Figuren 115
4. Flächen- und Rauminhalte 120
5. Anteile – Brüche 123

Stichwortverzeichnis 127

Liebe Schülerin, lieber Schüler,

vor dir liegt der passende Klassenarbeitstrainer zu deinem Mathematik-Schulbuch EdM.

Auf den ersten Seiten bekommst du **Tipps zur Vorbereitung einer Klassenarbeit:**
- Tipps zum Unterricht und zum Umgang mit Hausaufgaben
- Tipps zum Arbeiten mit einem Lernplan
- Tipps zu Lerntechniken
- Tipps zum Lösen von Sachaufgaben

Außerdem findest du hier einen **Klassenarbeitsplaner**, in den du eintragen kannst, wann du die nächste Klassenarbeit schreibst und was du bis dahin noch üben willst.

Die erfolgreiche Vorbereitung auf eine Klassenarbeit besteht aus drei Schritten:
Verstehen – Üben – Können.
Entsprechend ist dieser Klassenarbeitstrainer aufgebaut: Zum Verstehen und Üben gibt es die blauen Seiten; danach kannst du dein Können testen, indem du die Übungsklassenarbeiten auf den weißen Seiten bearbeitest.

Verstehen und Üben (blaue Seiten)
In den **Informationskästen** werden alle wichtigen Regeln und Begriffe mit Beispielen noch einmal erklärt.

Direkt im Anschluss findest du abwechslungsreiche **Aufgaben zum Üben** des Lernstoffes.

Solltest du bei der Bearbeitung einer Aufgabe einmal nicht weiter kommen, helfen dir manchmal die Tipps auf den Notizzetteln. Oder schaue noch einmal in den Informationskästen nach.

Zusatzstoff erkennst du an dem blau gedruckten Wort Information und blauen Aufgabennummern.

Übungs-Klassenarbeiten (weiße Seiten)
Wenn du genug geübt hast und dich sicher fühlst, dann kannst du als Test eine **Übungs-Klassenarbeit** schreiben. Oben auf jeder Klassenarbeit sind die Themen angegeben, die in dieser Klassenarbeit behandelt werden. Außerdem ist dort eine Zeitangabe, in welcher Zeit die Klassenarbeit bearbeitet werden soll. Achte darauf, dass du diese Zeit einhältst, denn nur so kannst du dich wirklich testen.

Fast alle Übungs-Klassenarbeiten enthalten auch eine Aufgabe zur Wiederholung mit Stoff aus dem vorigen Kapitel. Bei jeder Aufgabe ist ihre Punktzahl angegeben. Anhand der Lösungen kannst du ermitteln, wie viele Punkte du erreicht hast und was du noch üben musst.

Die meisten Aufgaben kannst du direkt im Klassenarbeitstrainer lösen. Solltest du aber einmal nicht genug Platz finden, dann nimm einfach dein Heft zur Hand.

Lösungsteil
Hinten im Klassenarbeitstrainer findest du die **Lösungen** zu allen Übungsaufgaben und Übungsklassenarbeiten. Du kannst deine bearbeiteten Aufgaben und Klassenarbeiten eigenständig kontrollieren oder jemand anderen bitten es zu tun. Anhand der Smileys ☺ ☺ ☹ kannst du deinen Erfolg messen und erkennen, wie viel du noch üben musst.

Solltest du eine Klassenarbeit nicht vollständig lösen können, so findest du im Lösungsteil eine Tabelle *Zum Nacharbeiten*, in der angegeben ist, auf welchen Seiten im Schulbuch du die entsprechenden Inhalte noch einmal wiederholen kannst.

Wir wünschen dir viel Erfolg und Freude beim Üben für die nächste Klassenarbeit!

Lern-Hilfen zur Vorbereitung auf die Klassenarbeit

Lern-Tipps

1. Tipps zum Unterricht

- Gehe (nicht nur am Tag der Klassenarbeit) ausgeschlafen und mit einem guten Frühstück zur Schule. Dann kannst du dich im Unterricht besser konzentrieren.

- Bereite die notwendigen Materialien zu Hause vor: Bleistift spitzen, leere Füllerpatronen ersetzen, neues Heft einpacken.

- Verfolge den Unterricht aufmerksam und stelle Fragen. Notiere Fragen, die zu Hause auftauchen, in dein Heft.

- Führe dein Heft sauber und übersichtlich wie im Beispiel rechts zu sehen (Überschrift, Datum, Wichtiges hervorheben, Buchseite und Nummer der Aufgabe).

- Lerne Fachbegriffe und ihre Bedeutung auswendig. (Nicht nur im Englischunterricht muss man Vokabeln lernen.)

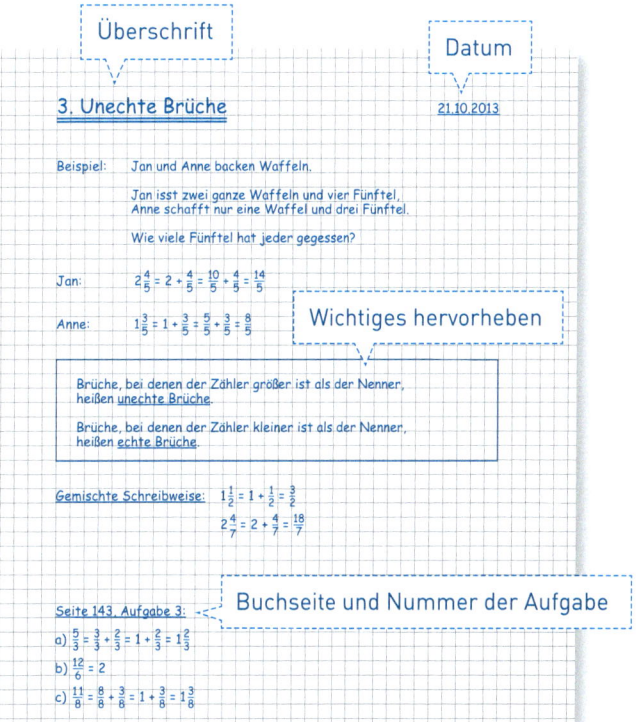

- Regelmäßige Kopfrechenübungen erhöhen das Rechentempo. Vielleicht kann dir jemand beim Üben helfen.

- Hole Inhalte, die du wegen Krankheit versäumt hast, möglichst bald und gründlich nach.

2. Tipps zum Umgang mit Hausaufgaben

- Notiere dir die gestellten Hausaufgaben in der Schule immer sofort in dein Hausaufgabenheft.

- Schiebe das Erledigen von Hausaufgaben nicht auf. Erstelle dir zu den Hausaufgaben aller Fächer einen Zeitplan.

- Lies dir vor der Bearbeitung der Hausaufgabe den Stoff der letzten Stunde im Heft nochmal durch. Auch die zugehörige Seite im Buch kann dir bei der Erledigung der Hausaufgabe helfen.

- Gib bei Schwierigkeiten nicht gleich auf. Auch Ansätze und Ideen helfen weiter und sollten unbedingt aufgeschrieben werden.

- Hab keine Angst vor Fehlern. Sie können dir sogar helfen, den Stoff letztendlich noch besser zu verstehen.

- Besprich Schwierigkeiten, die du hast, mit Mitschülern und Freunden. Wenn ihr die Schwierigkeiten nicht gemeinsam klären könnt, fragt euren Lehrer oder eure Lehrerin.

- Korrigiere fehlerhafte Hausaufgaben nach der Besprechung im Unterricht zu Hause. Korrigierte Hausaufgaben helfen dir beim Lernen für die nächste Klassenarbeit.

3. Tipps zur Vorbereitung auf die Klassenarbeit

Die Vorbereitung auf die nächste Klassenarbeit beginnt **in der ersten Stunde nach der letzten Klassenarbeit**. Hier werden nämlich wichtige Fehler besprochen, die du in Zukunft vermeiden kannst.
Der aktuell behandelte Mathematik-Stoff ist sicher ein Thema für die nächste Klassenarbeit. Wenn du gleich gut mitarbeitest, ist das eine gute Grundlage für die nächste Klassenarbeit.

Rechtzeitig **vor der Klassenarbeit** (d.h. etwa 1 bis 2 Wochen vorher) solltest du konkrete Vorbereitungen treffen und wichtige Lernstrategien beachten:

- **Ordentlicher Schreibtisch:**
  Du kannst z.B. den Schreibtisch zu Beginn ganz leer räumen und die Dinge dann an ihren aufgeräumten Platz legen. Brauchst du wirklich alles auf dem Schreibtisch? Sortiere überflüssige Dinge aus. Suche dir die zum Lernen notwendigen Unterlagen zusammen: Heft, Buch, KA-Trainer, kariertes Papier, Stifte, Geodreieck.

- **Zeitplan:**
  Am besten baust du feste Zeiten fürs Lernen in deinen Stundenplan ein. Möchtest du lieber allein arbeiten oder einen Freund oder eine Freundin dabei haben? Brauchst du vielleicht Hilfe?
  Sorge dafür, dass du ungestört lernen kannst. Am besten schaltest du dein Handy und deinen Computer in dieser Zeit aus.

- **Entspannung:**
  Bewegung fördert das Lernen. Du könntest dir Lerninhalte z.B. bei einem Spaziergang aufsagen oder einfach zwischendurch eine Runde Sport treiben. Plane Entspannungsphasen ganz bewusst ein. Denke dir für die Zeit nach einer intensiven Lernphase eine kleine Belohnung aus. Dann lernst du in Vorfreude auf die Belohnung mit einem positiven Gefühl - das hilft!

- **Einteilen des Lernstoffs:**
  Beginne mit den Grundlagen, mit dem Leichteren. Diesen Stoff findest du meist am Anfang des Themas auf den blauen Seiten im Heft und auf den ersten Seiten des Themas im Schulbuch.
  Gehe die Aufzeichnungen in deinem Heft durch. Markiere Wichtiges (Textmarker) oder schreibe es heraus. Lies dir im Buch oder im Klassenarbeitstrainer die Informationskästen und die Beispiele mit den Lösungen aufmerksam durch.
  Stelle den Lernstoff in einer übersichtlichen Form zusammen. Wo kannst du an bekanntes Wissen anknüpfen?

- **Lerntechniken:**
  Erprobe verschiedene Methoden: Spickzettel schreiben (für die Zeit vor der Klassenarbeit!), Lernplakate, Karteikarten mit dem Grundwissen oder mit Regeln. Finde die zu dir passende Methode.
  Häufig ist es hilfreich, die Lerninhalte in einer anderen Form darzustellen: Kannst du zu einem Inhalt eine Zeichnung anfertigen? Hilft dir eine Tabelle oder eine Stichwortliste? Vielleicht kannst du dir den Inhalt mit einem Diagramm besser merken.

- **Hausaufgaben:**
  Bearbeite noch einmal die alten Hausaufgaben. Löse die Aufgabe erst allein und vergleiche dann die Ergebnisse.

- **Übungsaufgaben:**
  Bearbeite die passenden **Übungsaufgaben** in deinem Klassenarbeitstrainer (auf den blauen Seiten). Hierzu findest du sämtliche Lösungen hinten im Heft. Löse die komplexen Aufgaben erst, wenn du die Grundlagen beherrschst.
  Nutze außerdem die Seite „Bist du fit?" in deinem Schulbuch. Dazu gibt es hinten im Buch auch die Lösungen. Auf den Seiten „Das Wichtigste auf einen Blick" im Schulbuch sind die Inhalte des Kapitels noch einmal kurz zusammengefasst.
  Aufgaben in Prüfungsform (also die **Übungs-Klassenarbeiten** aus deinem Klassenarbeitstrainer) gehören in die **letzte Phase der Vorbereitung**. Hierbei solltest du mit einer Uhr die Zeit kontrollieren. Achte darauf, dass du die gesamte Klassenarbeit in einem Stück bearbeitest – nur so kannst du dich in einer prüfungsähnlichen Situation testen.
  Auf den Seiten 9/10 findest du einen Klassenarbeitsplaner, der dir bei der Vorbereitung dieser Übungsphase helfen kann.

Am Tag vor der Klassenarbeit:
Heute solltest du nichts Neues mehr lernen. Wiederhole nur Bekanntes und sorge dafür, dass du rechtzeitig ins Bett gehst. Nur wenn du ausgeschlafen bist, bist du zu 100 % leistungsfähig.

4. Tipps zum Arbeiten mit einem Lernplan

Du kannst dir die Vorbereitung der Klassenarbeit in mehrere Zeitabschnitte einteilen. Erstelle dir einen Lernplan.
Ein vernünftiger Lernplan reduziert die Prüfungsangst und den Stress in der Vorbereitungszeit.

Hier ist ein möglicher Vorschlag, wie ein Lernplan aussehen könnte. Erstelle aber lieber deine eigene Version, die noch besser zu dir passt.

Tag/Datum	Zeit	Was lerne ich?/Was bereite ich vor?	erledigt
Mi, 23.10.	15:00	Schreibtisch aufräumen und Plan für die Wiederholungen aufstellen	
Do, 24.10.	16:00	Heft durchgehen, Wichtiges markieren, Thema im Buch durchlesen, Fragen notieren	
Fr, 25.10.	15:00	Alte Hausaufgaben zum Thema bearbeiten	
Sa, 26.10.	13:00	Hausaufgaben mit Fehlern erneut bearbeiten, Aufgaben aus dem Abschnitt „Verstehen und Üben" (Klassenarbeitstrainer) bearbeiten	
...	...	...	
Mo, 28.10.	15:00	Übungs-Klassenarbeit (Klassenarbeitstrainer)	

5. Tipps zum Lösen von Sachaufgaben

Die folgenden Tipps sollen dir beim Lösen einer Sachaufgabe helfen. Nicht immer musst du alle Tipps in dieser Reihenfolge bearbeiten.
Besonders, wenn du Schwierigkeiten hast, findest du in dieser Liste wertvolle Hinweise.

1. Lies dir die Aufgabe genau durch! Manchmal muss man eine Aufgabe mehrfach lesen, um sie zu verstehen.

2. Kennst du alle Begriffe? Kläre eventuell unklare Begriffe.

3. Formuliere den Inhalt und die Frage in eigenen Worten im Kopf.

4. Kennzeichne wichtige Angaben (mit einem Textmarker oder durch Unterstreichen).

5. Manchmal hilft eine Skizze, um den Sachverhalt genauer zu verstehen.

6. Beantworte dir die Frage, was du berechnen sollst.
    Kennst du den Rechenweg oder eine Formel, die zur Lösung führt?

7. Stehen alle notwendigen Angaben in der Aufgabe?
    Wenn nicht, gibt es einen Weg oder eine Formel, um die fehlende Größe zu bestimmen? Gibt es vielleicht zusätzliche Angaben, die zur Lösung der Aufgabe gar nicht benötigt werden?

8. Überlege dir, wie du vorgehen möchtest.
    Rechne nicht gleich drauf los!

9. Notiere auch Zwischenschritte und weitere Überlegungen.

10. Bringe die gefundenen Schritte in eine sinnvolle Reihenfolge.

11. Überprüfe dein Ergebnis durch eine Überschlagsrechnung.

12. Prüfe, ob das Ergebnis im Sachzusammenhang der Aufgabe sinnvoll sein kann.

13. Lies dir die Frage noch einmal durch und formuliere eine passende Antwort.

Klassenarbeitsplaner

Klassenarbeit am _____

Übungs-Klassen-arbeit	Bearbeiten bis	Erledigt am	Ergebnis ☺	☺ ☹		Folgende Seiten im Schulbuch wiederholen	Bearbeiten bis	Erledigt am
1.1								
1.2								
1.3								
1.4								
1.5								

Klassenarbeit am _____

Übungs-Klassen-arbeit	Bearbeiten bis	Erledigt am	Ergebnis ☺	☺ ☹		Folgende Seiten im Schulbuch wiederholen	Bearbeiten bis	Erledigt am
2.1								
2.2								
2.3								
2.4								

Klassenarbeit am _____

Übungs-Klassen-arbeit	Bearbeiten bis	Erledigt am	Ergebnis ☺	☺ ☹		Folgende Seiten im Schulbuch wiederholen	Bearbeiten bis	Erledigt am
3.1								
3.2								
3.3								
3.4								

Klassenarbeit am _____

Übungs-Klassen-arbeit	Bearbeiten bis	Erledigt am	Ergebnis			Folgende Seiten im Schulbuch wiederholen	Bearbeiten bis	Erledigt am
			🙂	😐	🙁			
4.1								
4.2								
4.3								
4.4								
4.5								

Klassenarbeit am _____

Übungs-Klassen-arbeit	Bearbeiten bis	Erledigt am	Ergebnis			Folgende Seiten im Schulbuch wiederholen	Bearbeiten bis	Erledigt am
			🙂	😐	🙁			
5.1								
5.2								
5.3								
5.4								
5.5								

1. Natürliche Zahlen und Größen

Zum Aufwärmen: Verstehen und Üben

Daten darstellen: Säulendiagramm

Information

Daten können unterschiedlich dargestellt werden: In diesem **Säulendiagramm** sind die Daten von 1 000 Schülern dargestellt. Sie wurden jeweils gefragt, mit welchem Verkehrsmittel sie zur Schule fahren.

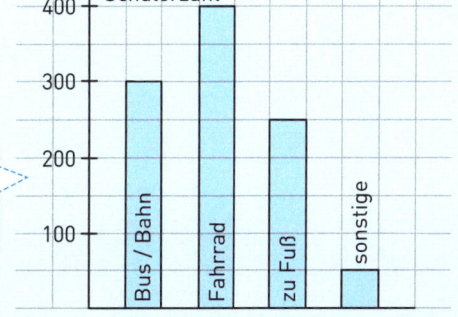

An der Skala an der Achse kann man die Werte ablesen.

Wenn man die Säulen nicht stehend, sondern liegend zeichnet, spricht man von einem **Balkendiagramm**.

1. Zum Schuljahresanfang wurden alle Schülerinnen und Schüler der Klasse 5 e nach ihren Hobbys gefragt. Dabei ist die folgende *Strichliste* entstanden:

Zeichne zu diesem Ergebnis ein Säulendiagramm in das nebenstehende Koordinatensystem.

Bei der Befragung waren Mehrfachnennungen möglich.

Große Zahlen: Stellenwerttafel

Information

Mit der Kombination der Ziffern 0, 1, 2, 3, 4, 5, 6, 7, 8, 9 kann man sehr große Zahlen aufschreiben. Zu jeder Zahl kann man wieder 1 dazu zählen. So erhält man den **Nachfolger**. Dieses Prinzip funktioniert beliebig oft und alle diese Zahlen bilden die **Menge der natürlichen Zahlen** ℕ.

Eine **Stellenwerttafel** kann helfen, große Zahlen leichter zu überblicken.

Billionen		Milliarden		Millionen		Tausender			H	Z	E	gelesen
						HT	ZT	T	H	Z	E	
	3	0	6	0	0	0	8	8	9	0	0	30 Billionen 600 Milliarden 88 Millionen 900 Tausend
					1	0	1	0	0	0	3	101 Millionen und 3
			7	2	0	0	0	1	2	5	1 1 1	72 Milliarden 125 Tausend 111

2. Schau dir die eingetragenen Beispiele genau an und trage anschließend die folgenden Zahlen in die Stellenwerttafel ein:

- fünf Millionen und eins
- eine Milliarde einhunderttausend
- dreizehn Milliarden dreizehn Millionen dreizehntausend und dreizehn
- hundertfünfundzwanzig Billionen dreihunderttausend und zwölf

Billionen			Milliarden			Millionen			Tausender					
									HT	ZT	T	H	Z	E

Lässt man die Stellenwerttafel weg, so gliedert man Zahlen mit vielen Ziffern in Dreierpäckchen (von rechts nach links).
Man lässt einen kleinen Zwischenraum oder setzt einen Punkt.

Auch die 1 342 501 kann man in Dreierpäckchen darstellen:

3. Schreibe die Zahlen in Ziffern. Gliedere sie in Dreierpäckchen.

a) siebenhundertsiebenundzwanzig Millionen dreihundertdreiunddreißig

b) dreizehn Milliarden eine Million einhunderttausend und eins

c) sechs Milliarden sechshundertsechsundsechzig

Zahlen ordnen und runden; Zahlenstrahl

Information

Alle Zahlen kann man **der Größe nach ordnen**. Hierzu verwendet man die Zeichen < und >.

Wenn man sich (in Gedanken) die gleichen Stellenwerte von zwei Zahlen untereinanderschreibt, erkennt man schnell, welche Zahl größer ist.

Beispiele: 45 907 >   231   (ist größer als)
              231 < 45 907   (ist kleiner als)

45 907
   231

4 Zehntausender sind größer als 0 Zehntausender.

Wenn zwei natürliche Zahlen gleich viele Ziffern haben, dann ist diejenige Zahl größer, deren linke Ziffer größer ist. Sind diese Ziffern gleich, so vergleicht man die weiter rechts folgenden Ziffern beider Zahlen.

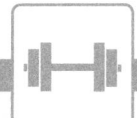
Beispiele:

(1) 4 352 und 2 678

Betrachte zuerst die Tausender: 4 > 2 also 4 352 > 2 678

(2) 4 352 und 4 167

Betrachte zuerst die Tausender: 4 = 4

An den Tausendern kannst du nicht erkennen, welche Zahl größer ist.

Betrachte daher die nächste Stelle: 3 > 1 also 4 352 > 4 167

Dieses Verfahren kannst du bis zu den Einern durchführen.
Sind alle Ziffern gleich, so sind auch die Zahlen gleich.

4. Sind die unten angegebenen Aussagen richtig oder falsch? Begründe jeweils deine Antwort.

  a) Eine Zahl, die aus neun Neunen besteht, ist größer als diejenige Zahl, die aus einer Eins mit neun
  Nullen besteht, da eine Neun größer ist als eine Null.

  b) Die 333 behauptet: Es gibt eine Zahl, die genau doppelt so groß ist wie ich und ebenfalls nur aus
  gleichen Ziffern besteht.

  c) Die Zahl 7 Milliarden ist größer als die Zahl 452 000 000.

Information

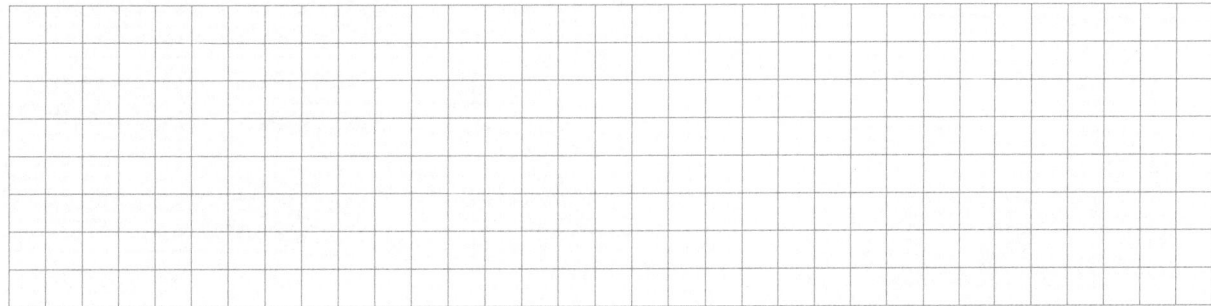

Um Zahlen anzuordnen, kann auch ein **Zahlenstrahl** helfen.

Der Zahlenstrahl beginnt bei null.

Die Abstände zwischen zwei benachbarten Zahlen sind immer gleich groß.

Die Pfeilspitze zeigt in die Richtung der größer werdenden Zahlen.

5. Lies die blau markierten Zahlen vom Zahlenstrahl ab.

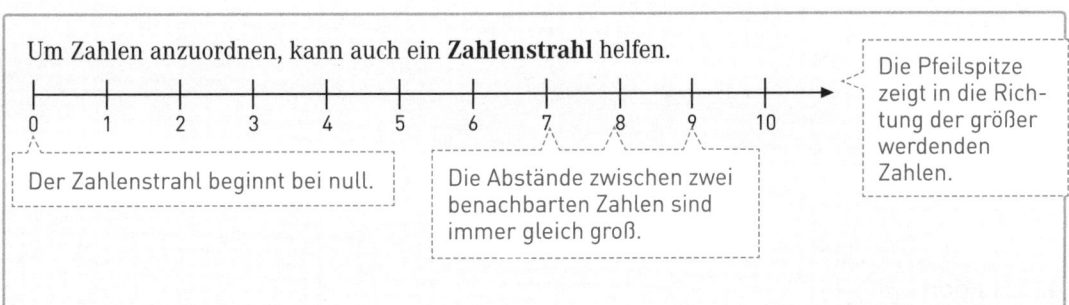

a)

A: ....   B: ....

C: ....   D: ....

b)

A: ....   B: ....

C: ....   D: ....

6. Trage die Zahlen 40, 150, 470, 800, 910 auf dem Zahlenstrahl ein.
Nimm zunächst eine sinnvolle Einteilung des Zahlenstrahls vor.

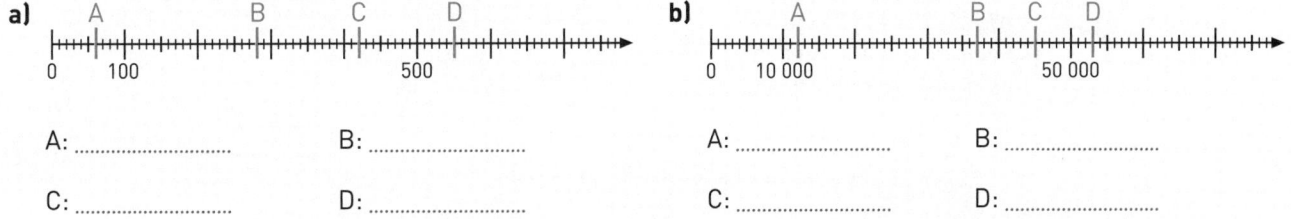

7. In der Tabelle ist jeweils die durchschnittliche Lebenserwartung einzelner Tierarten dargestellt.
Beschrifte den gegebenen Zahlenstrahl sinnvoll und trage anschließend die Tiernamen an den richtigen Stellen ein.

Tier	Elefant	Katze	Schäfer-hund	Ameisen-königin	Schild-kröte
Lebenser-wartung (in Jahren)	70	15	13	20	40

8. Lies aus dem Bilddiagramm jeweils die Anzahl der Besucher in den einzelnen Schwimmbädern ab und ordne die Besucherzahlen anschließend der Größe nach. Beginne mit der kleinsten Zahl und verwende das Zeichen <.

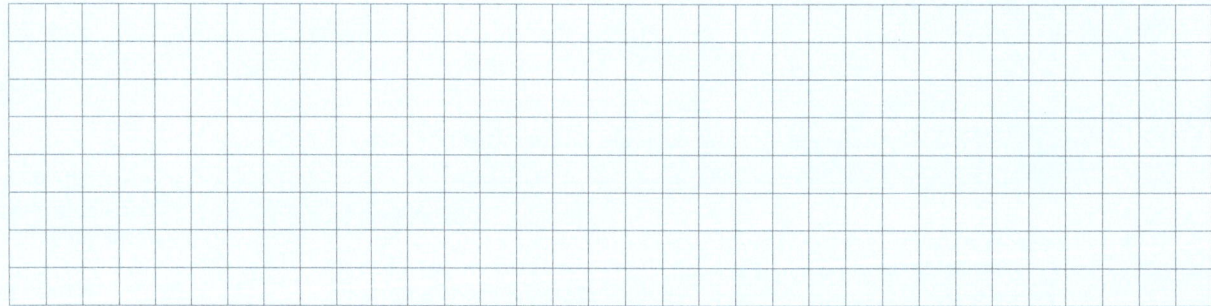

Information

Man kann Zahlen auf unterschiedliche Stellen **runden**. Hierzu betrachtet man diejenige Ziffer, die auf die zu rundende Ziffer folgt.

Das Symbol ≈ bedeutet „ist ungefähr gleich"

Es gilt:
Bei 0, 1, 2, 3, 4 abrunden;
bei 5, 6, 7, 8, 9 aufrunden.

Beispiele:
$643 \approx 640$
$76\,985 \approx 77\,000$

Runden auf Zehner bedeutet, dass du die Einer beachten musst.

Runden auf Tausender bedeutet, dass du die Hunderter beachten musst.

9. Man kann davon ausgehen, dass es sich bei den Besucherzahlen in Aufgabe 8 um gerundete Angaben handelt. Die Besucherzahlen pro Monat wurden somit auf Tausender gerundet, um sie im Bilddiagramm darstellen zu können.
Wie viele Besucher müssen das Spaßbad Froschkönig mindestens besucht haben, damit die oben abgebildete Anzahl noch stimmt?

Antwort: ....

10. a) Runde auf Zehner:

14 023 ≈ ....

766 ≈ ....

1528 ≈ ....

21 ≈ ....

b) Runde auf Zehntausender:

114 023 ≈ ....

23 640 ≈ ....

8 989 898 ≈ ....

67 500 ≈ ....

11. Entscheide jeweils, ob es sinnvoll ist, die Zahlen zu runden. Begründe deine Entscheidung.

a) Bei den Bundesjugendspielen musste Tom 75 Meter sprinten.

b) Beim Backen entspricht die Angabe „ein Esslöffel Zucker" zwischen 11 und 13 Gramm.

c) Lena hat Schuhgröße 34.

d) Es wurden 10 501 Euro Spenden für den guten Zweck gesammelt.

a)

b)

c)

d)

12. Betrachte Jakobs Hausaufgaben und korrigiere die Fehler.
Kannst du eine Erklärung für Jakobs Vorgehen finden?

Auf Tausender gerundet:
75 481 ≈ 75 480 ≈ 75 500 ≈ 76 000

....

....

....

....

13. Wie heißt die größte Zahl, die beim Runden …

a) auf Zehner die Zahl 270 ergibt?   Antwort: ....

b) auf Hunderter die Zahl 1 400 ergibt?   Antwort: ....

c) auf Tausender die Zahl 79 000 ergibt?   Antwort: ....

d) auf Zehntausender die Zahl 3 330 000 ergibt?   Antwort: ....

e) auf Hunderttausender die Zahl 6 500 000 ergibt?   Antwort: ....

Größen und ihre Einheiten

Information

Eine **Größe** besteht immer aus einer **Maßzahl** und einer **Maßeinheit**.

5 m

Maßzahl   Maßeinheit

Man bestimmt Größen durch Messen. Dabei vergleicht man, wie oft eine festgelegte Maßeinheit in der zu messenden Größe enthalten ist.

Die Grundeinheit der **Längenmessung** ist Meter (1 m). Kommt es bei der Längenangabe auf große Genauigkeit an, nimmt man meist Millimeter (1 mm).

14. In der Wolke stehen gebräuchliche Längeneinheiten.
Schreibe sie in der richtigen Reihenfolge auf.
Beginne mit der kleinsten Längeneinheit.

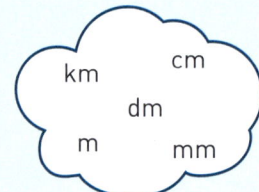

....

Information

Wenn man zwei Größen vergleichen oder addieren bzw. subtrahieren will, ist dies besonders einfach, wenn beide Größen die gleiche Einheit besitzen.
Daher ist es günstig, die Größen zuvor in die kleinste vorkommende Einheit umwandeln.
Die Abbildung zeigt, wie 1 m in die nächstkleinere Einheit dm umgewandelt werden kann.

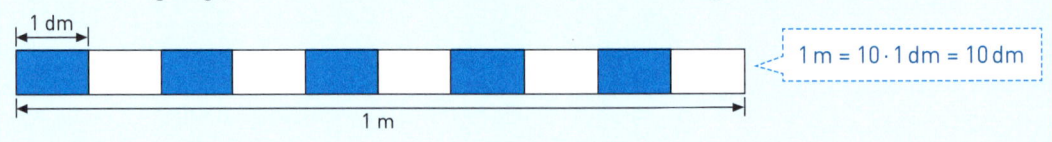

$1 m = 10 \cdot 1\,dm = 10\,dm$

15. Ergänze die Lücken im Text.

1 Meter hat .... Dezimeter. 1 Dezimeter hat .... Zentimeter. 1 Zentimeter hat .... Milli-

meter. 1 Meter hat .... Zentimeter. 1 Meter hat .... Millimeter.

Information

Längenmaße können
- in der gemischten Schreibweise: 70 m 4 dm 1 cm
- in Kommaschreibweise: 70,41 m
- ohne Komma: 7041 cm

angegeben werden.

Einheitentabelle für Längenmaße
Man trägt die Maßzahlen der gemischten Schreibweise entsprechend in die Einheitentabelle ein:

km			m			dm	cm	mm
H	Z	E	H	Z	E			
				7	0	4	1	

mit Komma: 70,41 m   ohne Komma: 7041 cm

Die Einheitentabelle hilft dir beim Umwandeln von Längeneinheiten.

Enthält die Maßzahl ein Komma, so bezieht sich die Maßeinheit immer auf die Zahl **vor** dem Komma.

Information

Wird die Maßeinheit um eine Stufe „verfeinert" (z. B. von Meter in Dezimeter), so wird die Maß-zahl auf das Zehnfache vergrößert. Enthält die Maßzahl ein Komma, so wird dieses um eine Stelle nach rechts verschoben.

Beispiele: 7 m = 70 dm   4,85 m = 48,5 dm   5 km = 5 000 m

> Der Übergang von km zu m entspricht 3 Stufen: Hunderter, Zehner und Einer

Wird die Maßeinheit um eine Stufe „vergröbert" (z. B. von Zentimeter in Dezimeter), so wird die Maßzahl durch 10 dividiert. Enthält die Maßzahl ein Komma, so wird dieses um eine Stelle nach links verschoben.

Beispiele: 700 cm = 70 dm   36,4 cm = 3,64 dm   400 m = 0,4 km

> Der Übergang von m zu km entspricht wieder 3 Stufen.

16. Gib alle Größen in der gemischten Schreibweise, mit und ohne Komma an.

	km			m			dm	cm	mm	gemischte Schreibweise	mit Komma	ohne Komma
	H	Z	E	H	Z	E						
(1)		1	2	6	5							
(2)			8	7	3	2						
(3)							4	0	2			
(4)										1 km 20 m		
(5)										6 dm 3 mm		
(6)										2 m 8 cm		

17. Schreibe zunächst in die kleinste, dann in die größte vorkommende Maßeinheit um.

a) 3 cm 4 mm = ... mm = ... cm

4 m 7 cm = ... cm = ... m

9 dm 3 mm = ... mm = ... dm

b) 5 dm 3 cm = ... cm = ... dm

6 dm 8 mm = ... mm = ... dm

7 m 9 mm = ... mm = ... m

18. Schreibe mit gemischten Einheiten.

a) 83 mm = ...

b) 634 mm = ...

c) 207 mm= ....

19. Gib in der angegebenen Einheit an.

a) 4 cm 3 mm = ... mm

7 dm 1 mm = ... dm

b) 5 dm 9 cm = ... dm

2 m 4 cm = ... mm

Information

Für **Gewichte** gibt es die folgenden **Maßeinheiten**:
1 t (Tonne), 1 kg (Kilogramm), 1 g (Gramm) und 1 mg (Milligramm).

Es gilt: 1 t = 1000 kg, 1 kg = 1000 g, 1 g = 1000 mg
Genauso wie für Längeneinheiten kann man für Gewichtseinheiten eine Einheitentabelle anlegen.

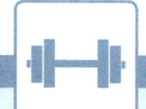

20. Schreibe in die kleinste und größte vorkommende Einheit um.

t			kg			g			mg			kleinste vorkommende Einheit	größte vorkommende Einheit
H	Z	E	H	Z	E	H	Z	E	H	Z	E		
					5	2	7	5					5,275 kg
							1	0	9				
	1	8	5	0									
				2	2	7	5	0					
							4	9	5				
			1	0	0	0	0	0	0	0	0		

21. Schreibe in der angegebenen Einheit.

a) 3 000 g = ... kg   20 kg = ... g   35 000 000 g = ... t

b) 2 t = ... kg   5 000 mg = ... g   5 t = ... mg

Information

Bei der **Zeit** unterscheidet man **Zeitpunkte** und **Zeitspannen**.

Ein **Zeitpunkt** gibt an, wann etwas beginnt oder endet.
Beispiel: Die Tagesschau beginnt um 20:00 Uhr.

Eine **Zeitspanne** gibt an, wie lange etwas dauert.
Beispiel: Eine Schulstunde dauert 45 min.

Für Zeitspannen gibt es die folgenden **Maßeinheiten**:
1 d (Tag), 1 h (Stunde), 1 min (Minute) und 1 s (Sekunde)
Es gilt:
1 d = 24 h, 1 h = 60 min, 1 min = 60 s

Beispiele zur Berechnung von Zeitspannen:
08:06 Uhr $\xrightarrow{54\,min}$ 09:00 Uhr $\xrightarrow{8\,h}$ 17:00 Uhr $\xrightarrow{9\,min}$ 17:09 Uhr
Berechnung der Zeitspanne: 54 min + 8 h + 9 min = 9 h 03 min
08:06 Uhr $\xrightarrow{9\,h}$ 17:06 Uhr $\xrightarrow{3\,min}$ 17:09 Uhr
Berechnung der Zeitspanne: 9 h + 3 min = 9 h 03 min

22. Wandle in die angegebene Einheit um.

a) 6 min = ... s   8 h = ... min   3 h 36 min = ... min

b) 840 s = ... min   168 h = ... d   220 min = ... h .... min

23. Ordne der Größe nach.
12 min 20 s; 1 h 3 min; 135 s; 73 min; 1,2 h; 2 min 20 s

....

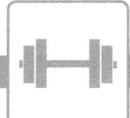
24. Frau Meyer betrat um 11:49 Uhr die Arztpraxis und kam um 13:13 Uhr ins Sprechzimmer des Arztes. Wie lange musste sie warten?

25. a) Schreibe in der nächstkleineren Einheit.   **b)** Schreibe in der nächstgrößeren Einheit.

7 kg = ...   90 dm = ...   70 cm = ...   300 min = ...

30 cm = ...   15 g = ...   660 s = ...   17 000 kg = ...

5 d = ...   8 min = ...   2 000 m = ...   40 dm = ...

3 h = ...   50 km = ...   240 h = ...   30 mm = ...

26. Setze = oder < oder > ein.

31 km   310 m   207 mm   2 dm 7 cm   75 min   1 h 15 min

Maßstab

Information

Das Längenverhältnis *Länge einer Strecke im Bild : Länge einer Strecke im Original* heißt **Maßstab**.

Ist die vordere Zahl kleiner als die hintere Zahl, so ist das Bild kleiner als das Original.
Ist die vordere Zahl größer als die hintere Zahl, so ist das Bild größer als das Original.

Beispiel:
Das Fußballfeld hat einen Maßstab von 1 : 1 000 (eins zu Tausend).
Das bedeutet, dass 1 cm in der Zeichnung 1 000 cm = 10 m in der Wirklichkeit entspricht.

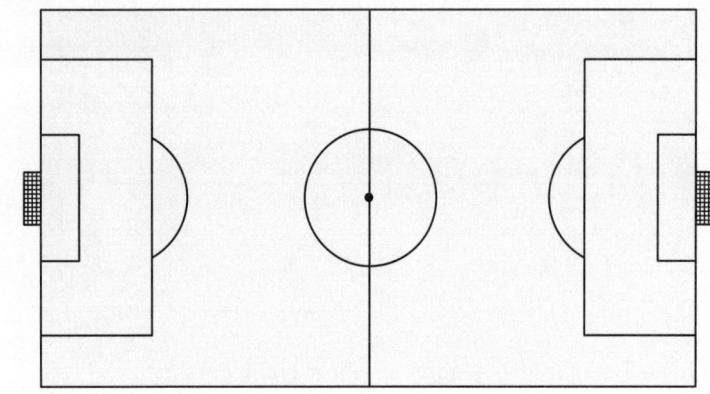

27. a) Bestimme die Breite und die Länge des oben abgebildeten Fußballfeldes in der Realität.

   b) Berechne, wie weit der Elfmeterpunkt in der Zeichnung vom Tor entfernt sein muss und zeichne ihn anschließend in das Fußballfeld ein. *Tipp:* Rechne in mm.

28. Die hier abgebildete Ameise wurde im Maßstab 6:1 abgebildet; das heißt, dass 6 cm in der Zeichnung 1 cm in der Wirklichkeit entsprechen. Miss die Gesamtlänge der Ameise (mit Fühlern und Beinen) und rechne um, wie groß sie in Wirklichkeit ist.

Tipp: Rechne gegebenenfalls in mm.

29. a) Ein Rechteck ist 6 m lang und 4 m breit. Welche Maße hätte eine Zeichnung, wenn du das Rechteck im Maßstab 1:50 zeichnen würdest?

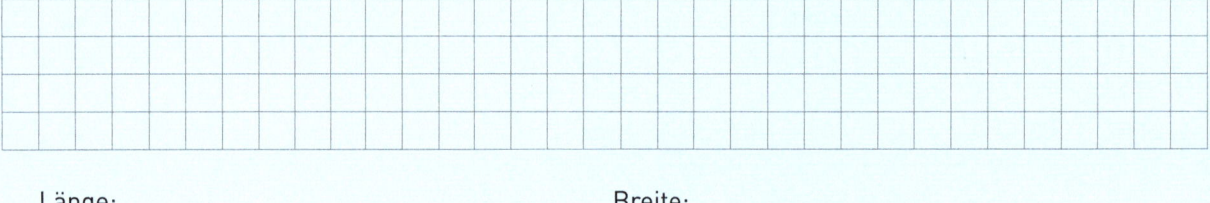

Länge: _____ Breite: _____

b) Ein Rechteck ist 3 cm lang und 2 cm breit. Zeichne es im Maßstab 2:1.

30. Die Tiere in Afrika legen auf ihrer Nahrungssuche am Tag viele Kilometer zurück. Zeichne hierzu ein Säulendiagramm. Wähle einen geeigneten Maßstab für deine Darstellung und gib diesen an. Arbeite auf einem extra Blatt.

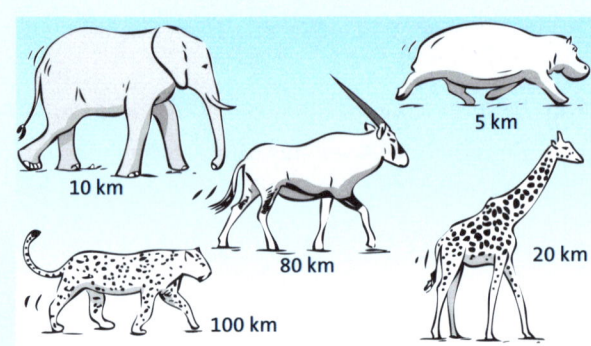

Beginn: .... Ende: ....

Klassenarbeit 1.1

Themen: Stellenwerttafel, Zahlen ordnen und runden, Säulendiagramm, Größen

1. In der Mensa soll zukünftig mehr auf die Wünsche der Schülerinnen und Schüler eingegangen werden. Deshalb wurden sie nach ihrem Lieblingsessen gefragt, wobei jeder nur ein Essen angeben durfte. Die Häufigkeiten wurden in einem Säulendiagramm dargestellt.

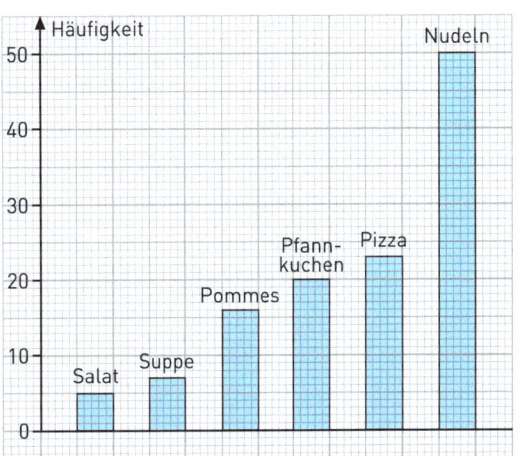

a) Beschreibe die Ergebnisse der Umfrage kurz in zwei Sätzen.

b) Lies die Häufigkeiten für die verschiedenen Gerichte ab und trage sie in eine Tabelle ein.

c) Wie viele Schülerinnen und Schüler haben sich an der Umfrage beteiligt?

.... 7

2. a) Trage die Zahlen in die Stellenwerttafel ein.
   (1) sechsundachtzig Millionen und sieben
   (2) fünf Billionen fünfzig Millionen fünfhunderttausend

Billionen			Milliarden			Millionen			Tausender			H	Z	E

b) Schreibe die Zahlen in Ziffern. Gliedere sie in Dreierpäckchen.
   (1) zwanzig Milliarden fünftausend
   (2) neunhundertneun Milliarden neunhundertneun Tausend

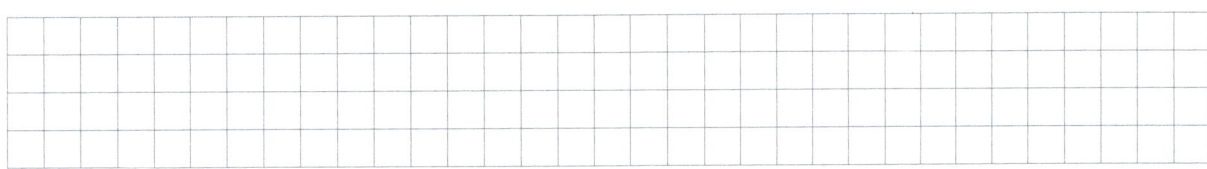

.... 4

3. a) Runde auf Zehner.

3 986 ≈ ....

1 984 ≈ ....

966 ≈ ....

3

b) Runde auf Tausender.

68 547 ≈ ....

4 372 ≈ ....

64 855 ≈ ....

4. Sind die unten angegebenen Aussagen richtig oder falsch? Begründe jeweils deine Antwort.

a) Lena behauptet:

„Die größte Zahl, die es gibt, ist eine Eins mit zehn Nullen.
Keine andere Zahl ist größer als diese Zahl."

b) Martin behauptet:

„Wenn ich die Zahl 9 038 erst verdopple und anschließend auf Tausender runde, erhalte ich 19 000."

6

5. Setze = oder < oder > ein.

a) 15 mm ☐ 1 cm 5 mm
77 mm ☐ 7 dm 7 mm
60 cm ☐ 6 m

b) 1 dm ☐ 10 mm
142 mm ☐ 1 dm 4 cm 2 mm
54 dm ☐ 504 cm

c) 40 dm ☐ 4 cm
1 m 8 dm ☐ 1 m 80 cm
128 cm ☐ 1 m 28 cm

9

29 **Gesamtpunktzahl**

29–22 Punkte	21,5–14,5 Punkte	14–0 Punkte
☺	☹	☹

Beginn: .... Ende: ....

Klassenarbeit 1.2

Themen: Große Zahlen, Nachfolger, Zahlen ordnen und runden, Säulendiagramm, Maßstab

1. Die Schülerinnen und Schüler der Klasse 5 e wurden nach ihren Schuhgrößen gefragt.
Dabei sind folgende Umfrageergebnisse entstanden:
Stelle die hier gegebenen Daten grafisch dar.

Schuhgröße	Anzahl der Schülerinnen und Schüler
33	II
34	IHT I
35	IHT I
36	IHT IHT III
37	II
38	
39	I

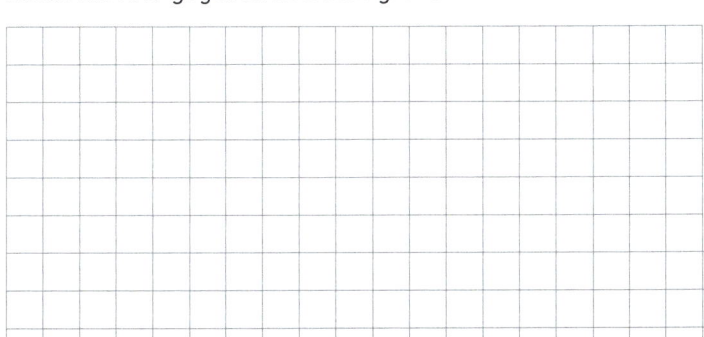

....
5

2. a) Vergleiche. Setze das passende Zeichen (< oder >) ein.

    (1) 53 433 ▢ 254 344   (2) 12 576 ▢ 112 576   (3) 400 200 ▢ 400 020

  b) Ordne die Zahlen der Größe nach. Beginne mit dem kleinsten Wert.
70 Milliarden, 7 Billionen, 70 Millionen, 700 Milliarden

....
5

3. a) Schreibe die kleinste vierstellige Zahl auf, die mit den Ziffern 2, 7, 3 und 8 gebildet werden kann, wenn keine der Ziffern mehrfach verwendet wird.

  b) Schreibe die größte Zahl auf, die beim Runden auf Hunderter 14 700 ergibt.

  c) Schreibe den Nachfolger von 13 545 auf und runde diesen anschließend auf Zehner.

....
4

4. a) Zeichne einen Zahlenstrahl, an dem du die folgenden Zahlen genau eintragen kannst:
90; 5; 20; 35; 105. Trage die Zahlen dann ein.

b) Lies die blau markierten Zahlen vom Zahlenstrahl ab.

5

A = ...   B = ...   C = ...   D = ...

5. Können die unten gemachten Aussagen stimmen? Begründe jeweils deine Antwort.

a) Sarah behauptet:
„Niklas und ich bekommen jeder gerundet 10€ Taschengeld.
Trotzdem bekommt Niklas 9€ mehr als ich."

b) Stefan behauptet:
„Wenn ich einen Baum im Maßstab 1:50 zeichne, dann ist das Bild halb so groß,
als wenn ich den Baum im Maßstab 1:100 zeichnen würde."

6

| 25 | Gesamtpunktzahl |

25 – 19 Punkte	18,5 – 12,5 Punkte	12 – 0 Punkte
☺	😐	☹

Beginn: ....   Ende: ....

Klassenarbeit 1.3

Themen: Große Zahlen, Nachfolger, Zahlen ordnen und runden, Säulendiagramm, Bilddiagramm, Größen, Maßstab

1. Ergänze den folgenden Text.
   Die 85 Kinder der 5. Klassen nahmen an einem Wettkampf im Weitsprung teil. Zur Auswertung

   hat Herr Beck ein ....
   für alle gültigen Sprünge im ersten Durchgang erstellt.

   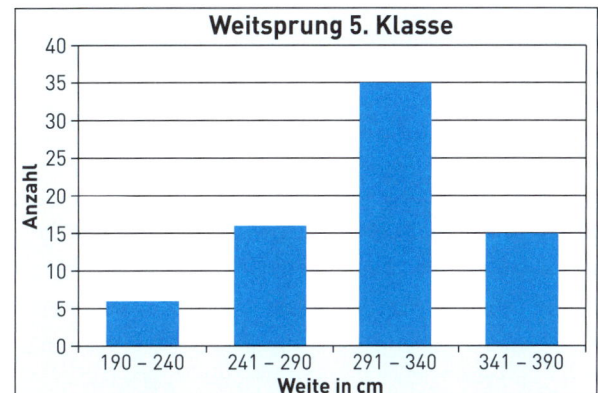

   - .... Kinder sprangen
     mindestens 341 cm.
   - 16 Kinder erreichten eine Weite zwischen

     .... cm und .... cm.

   - .... Kinder hatten einen ungültigen Sprung und erscheinen deshalb nicht in der Darstellung.

   - Eine Weite von mehr als 2,40 m erreichten .... Kinder.

   5

2. In der Tabelle rechts findest du Besucherzahlen für Veranstaltungsorte in Köln im Jahr 2012. Runde die Werte und erstelle ein Bilddiagramm.

Veranstaltungsorte in Köln	Besucherzahl
Wallraf-Richartz Museum	245 065
Römisch-Germanisches Museum	186 715
Museum Ludwig	343 953
Rautenstrauch-Joest Museum	114 402

   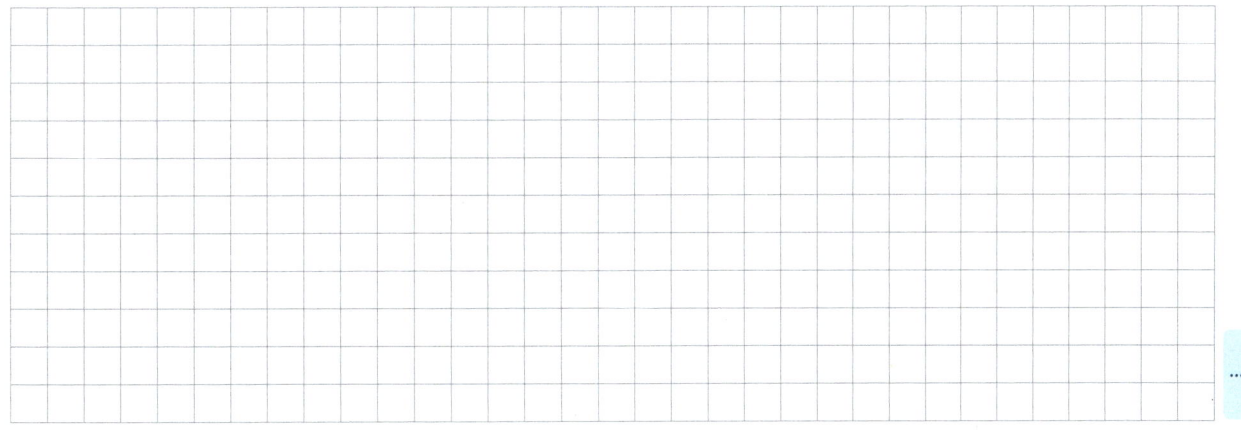

   5

3. **a)** Vergleiche. Setze das passende Zeichen (< oder >) ein.
   (1) 254 331 ▢ 254 313   (2) 496 576 ▢ 87 564   (3) 305 999 ▢ 350 444

   b) Ordne die Zahlen der Größe nach. Beginne mit dem kleinsten Wert.
   6 203; 236; 623; 2 306; 5 230; 263

   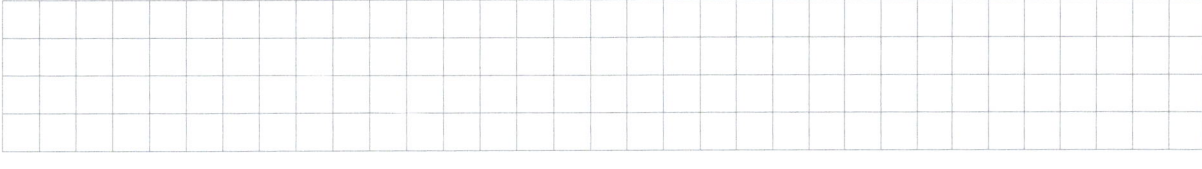

   6

4. Rechne folgende Längenangaben in die angegebenen Maßeinheiten um.

a)   4 m = ... cm   **b)** 2,467 kg = ... g

80 mm = ... dm   45 kg = ... t

27 cm = ... dm   700 mg = ... g

150 cm = ... mm   8,5 t = ... kg

8000 mm = ... m   170 mg = ... g

0,8 m = ... cm   1 g = ... kg

6

5. a) In welchem Maßstab wurde das Haus gezeichnet, wenn es im Original 8 m hoch ist?

b) Miss die Breite des Hauses im Bild und berechne anschließend die Breite in der Realität.

6

28   Gesamtpunktzahl

28–21 Punkte	20,5–14 Punkte	13,5–0 Punkte
☺	😐	☹

Beginn: .... Ende: ....

Klassenarbeit 1.4

Themen: Zahlen ordnen und runden, Zahlenstrahl, Säulendiagramm, Einheiten

1. In der Liste findest du die zehn größten Städte des Landes Nordrhein-Westfalen.

a) Stelle eine Top-Ten-Rangliste auf.

1. ....
2. ....
3. ....
4. ....
5. ....

6. ....
7. ....
8. ....
9. ....
10. ....

Stadt	Einwohner (gerundet)
Bielefeld	328 000
Bochum	362 000
Bonn	310 000
Dortmund	572 000
Düsseldorf	594 000
Duisburg	487 000
Essen	567 000
Köln	1 024 000
Münster	297 000
Wuppertal	343 000

b) (1) Runde die Einwohnerzahlen von Bielefeld und Essen auf Zehntausender.

(2) Runde die Einwohnerzahlen von Duisburg und Wuppertal auf Hunderttausender.

(3) Gib 3 Städte an, die nach dem Runden auf Hunderttausender gleich groß sind.

....

(4) In welchem Bereich muss die Einwohnerzahl von Dortmund liegen, damit die auf Tausender gerundete Zahl in der Tabelle stimmt?

....

c) Zeichne ein Balkendiagramm der auf Zehntausender gerundeten Einwohnerzahlen von Essen, Köln, Münster und Wuppertal auf ein extra Blatt.

....
15

2. Lies die Zahlen von dem Zahlenstrahl ab.

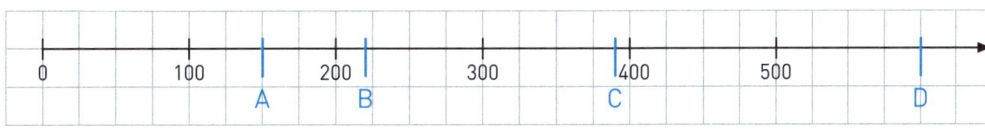

A = ... B = ... C = ... D = ...

....
2

3. Miss die Länge der Strecken und gib sie in mm und dm an.

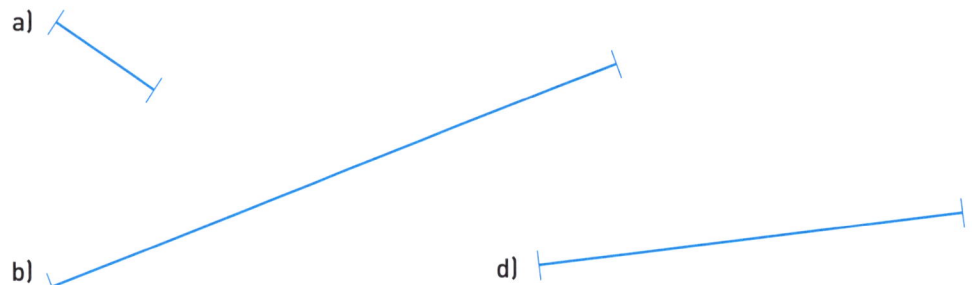

4. Herr Hurtig verlässt morgens um 05:55 Uhr das Haus, um mit dem Zug um 06:08 Uhr von Düsseldorf nach Köln zu fahren. Er erreicht Köln um 06:38 Uhr und fährt um 06:45 Uhr von Köln nach Bonn weiter, wo er um 07:11 Uhr ankommt. Dann muss er noch 7 min zu seinem Büro gehen.

a) Wie lange sitzt Herr Hurtig auf dem Weg ins Büro täglich im Zug?

b) Um wie viel Uhr muss er abends das Büro verlassen, wenn er für den Rückweg genauso lange braucht wie für den Hinweg und er um 18:00 Uhr wieder zu Hause sein will?

5. Ergänze jeweils auf 1 m, 1 g und 1 h.

a)

1 m	
6 dm	
	35 cm

b)

1 g	
	250 mg
0,04 g	

c)

1 h	
0,8 h	
	20 min

Gesamtpunktzahl

29 – 22 Punkte	21,5 – 14,5 Punkte	14 – 0 Punkte
☺	😐	☹

Beginn: ....   Ende: ....

Klassenarbeit 1.5

Themen: Zahlen ordnen und runden, Säulendiagramm, Größen und Einheiten

1. In der Tabelle und im Diagramm findest du Angaben zur Länge von vier Flüssen, die durch Deutschland fließen.

    a) Lies die Längen der Flüsse Donau und Oder aus dem Diagramm ab und trage sie in die Tabelle ein.

    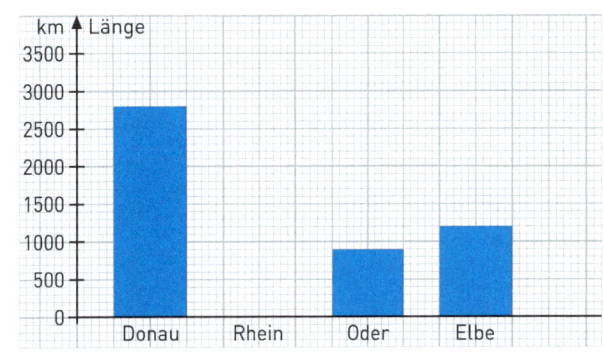

Fluss	Länge
Rhein	1300 km
Elbe	1200 km
Donau	
Oder	

    b) Ergänze die Säule für den Rhein.

    c) Die Länge der Flüsse wurde auf hundert km gerundet. Wie lang ist daher die Elbe mindestens und wie lang ist sie höchstens?

    mindestens: ....   höchstens: **5**

2. Frau Müller fährt mit dem ICE von Bielefeld nach München. In Hannover muss sie umsteigen.

Bahnhof	Datum	Zeit		Gleis	Produkte
Bielefeld Hbf	14.05.14	ab	09:37	2	ICE 845
Hannover Hbf	14.05.14	an	10:28	9	
Hannover Hbf	14.05.14	ab	11:26	4	ICE 787
München Hbf	14.05.14	an	16:14	18	

    a) Wie lange ist Frau Müller insgesamt unterwegs?

    b) Wie lange muss Frau Müller in Hannover auf ihren Anschlusszug warten?

    4

3. Ordne die folgenden Längen ihrer Größe nach.
    0,0056 km; 60,428 m; 603,28 dm; 63 512 cm; 6 032 903 mm

    .... > .... > .... > .... > **5**

4. Die folgende Abbildung zeigt einen Wägesatz mit Wägestücken unterschiedlichen Gewichts.

a) Ein Kaufmann wiegt einen großen Sack mit Süßigkeiten und ermittelt 8,047 kg.
Welche Wägestücke hat er beim Wiegen verwendet? Kreuze die von ihm benötigten Gewichte an.

b) Kann der Kaufmann mit seinen Wägestücken einen 11,150 kg schweren Sack wiegen?
Begründe deine Antwort.

....

....

3

....

5. In der Tabelle stehen die Sprungweiten
einiger Tiere. Ergänze das Diagramm.
Ergänze eine geeignete Beschriftung
der zweiten Achse.

Tier	Sprungweite
Tiger	50 dm
Floh	50 cm
Heuschrecke	2 m
Springfrosch	2000 mm
Löwe	5 m
Fuchs	2,75 m
Waldmaus	7,5 dm

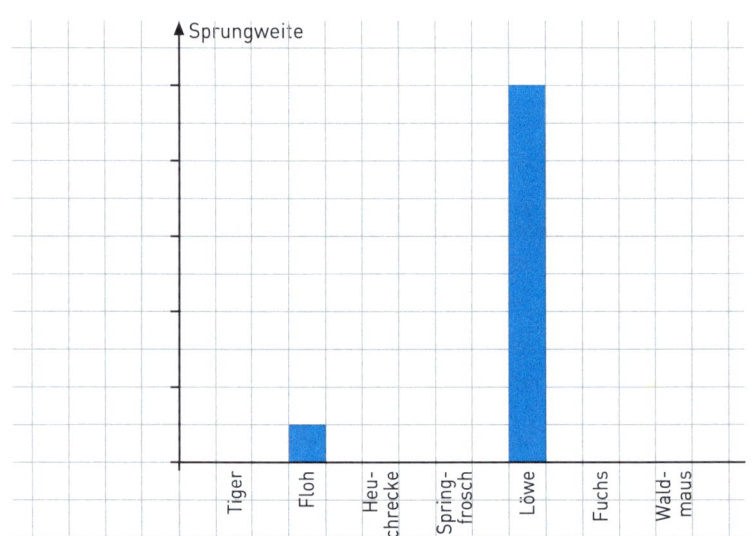

7

24 Gesamtpunktzahl

24 – 18,5 Punkte	18 – 12 Punkte	11,5 – 0 Punkte
☺	😐	☹

2. Rechnen mit natürlichen Zahlen

Zum Aufwärmen: Verstehen und Üben

Addieren und Subtrahieren

Information

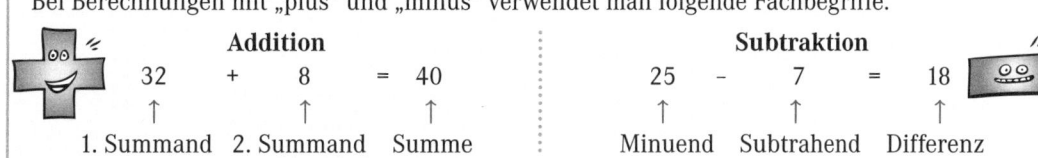

Bei Berechnungen mit „plus" und „minus" verwendet man folgende Fachbegriffe.

	Addition					**Subtraktion**		
32	+	8	=	40		25	−	7	=	18
↑	↑	↑				↑	↑	↑
1. Summand	2. Summand	Summe				Minuend	Subtrahend	Differenz

Addition und Subtraktion sind entgegengesetzte Rechenarten: $13 \overset{+7}{\underset{-7}{\rightleftarrows}} 20$

1. Mit kleineren Zahlen kannst du leicht im Kopf rechnen. Berechne die folgenden Terme.
Mache jeweils die Probe durch die entgegengesetzte Rechenart.

a) 25 + 15 = _40_

Probe: _40 – 15 = 25_

100 + 11 = ...

Probe: ....

b) 15 – 15 = ...

Probe: ....

31 – 6 = ...

Probe: ....

c) 76 + 24 = ...

Probe: ....

83 – 13 = ...

Probe: ....

2. Berechne im Kopf.

a) 23 + 17 = ...

25 + 27 = ...

39 + 12 = ...

b) 82 + 24 = ...

76 + 33 = ...

59 + 42 = ...

c) 59 + 69 = ...

123 + 37 = ...

145 + 58 = ...

d) 212 + 98 = ...

350 + 68 = ...

433 + 77 = ...

e) 222 + 333 = ...

177 + 144 = ...

345 + 654 = ...

3. Berechne im Kopf.

a) 42 – 17 = ...

37 – 25 = ...

39 – 12 = ...

b) 76 – 24 = ...

76 – 33 = ...

59 – 42 = ...

c) 73 – 69 = ...

123 – 37 = ...

145 – 60 = ...

d) 212 – 102 = ...

330 – 72 = ...

138 – 77 = ...

e) 333 – 222 = ...

177 – 144 = ...

467 – 122 = ...

Information

Bei der Addition darf man die Reihenfolge der Summanden vertauschen. **(Kommutativgesetz)**	Bei der Addition darf man beliebig Klammern setzen oder auch weglassen. **(Assoziativgesetz)**
Beispiel: 11 + 3 = 3 + 11	Beispiel: (12 + 5) + 3 = 12 + (5 + 3) = 12 + 5 +3

4. Rechne im Kopf. Beachte dabei Rechenvorteile.

a) 67 + 8 + 3 = ...

59 + 27 + 41 = ...

b) 9 + 11 + 7 = ...

111 + 33 + 89 = ...

c) 2 + 24 + 6 = ...

77 + 40 + 60 = ...

5. Vervollständige die Rechenmauern. Addiere bzw. subtrahiere dazu die benachbarten Zahlen. Das Ergebnis steht im Feld darüber.

| 16 | 8 | 4 | 2 | 1 |

		123	
	23		
17	35		4

| 176 | 88 | 44 | 22 | 11 |

| 34 | 21 | 13 | 8 | 5 |

6. Rechne geschickt mit Marvins Strategie.

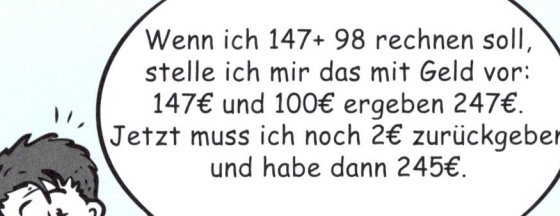

Wenn ich 147+ 98 rechnen soll, stelle ich mir das mit Geld vor: 147€ und 100€ ergeben 247€. Jetzt muss ich noch 2€ zurückgeben und habe dann 245€.

a) 405 + 99 = 405 + 100 – 1 = 505 – 1 = 504

303 + 99 = ...

102 + 99 = ...

b) 177 + 99 = ...

287 + 98 = ...

164 + 97 = ...

c) 59 + 95 = ...

123 + 90 = ...

145 + 95 = ...

d) 205 + 198 = ...

311 + 299 = ...

345 + 185 = ...

7. Berechne mit Marvins Strategie die Differenzen. Formuliere auch einen Merksatz.

Merksatz: ....

....

a) 142 – 99 = ...

137 – 99 = ...

139 – 99 = ...

155 – 96 = ...

b) 312 – 98 = ...

330 – 75 = ...

138 – 95 = ...

277 – 195 = ...

Schriftliches Addieren und Subtrahieren

Information

Werden die Zahlen zu groß, so rechnet man schriftlich:

Schriftliches Addieren

		6	2	0
+	1	0	3	3
+	1	7	1	1
+		3	8	0
+		2	2	3
	1	1		
	3	9	6	7

Wir addieren stellenweise:

die Einer: 3 + 0 + 1 + 3 + 0   = **7**

die Zehner: 2 + 8 + 1 + 3 + 2   = **16**

die Hunderter: 1 + 2 + 3 + 7 + 0 + 6 = **19**

die Tausender: 1 + 1 + 1   = **3**

Schriftliches Subtrahieren

	3	4	5	7
−	1	7	4	2
−		7	9	4
	2	1		
		9	2	1

Wir ergänzen stellenweise:

bei den Einern: 4 + 2 + **1** = 7

bei den Zehnern: 9 + 4 + **2** = 15

bei den Hundertern: 1 + 7 + 7 + **9** = 24

bei den Tausendern: 2 + 0 + 1 + **0** = 3

0 am Anfang einer Zahl wird nicht geschrieben.

8. Berechne schriftlich auf einem extra Blatt:

   a) 7 981 + 4 567 + 101

   342 + 9 067 + 52

   1 111 + 5 389 + 702

   b) 10 789 − 3 452 − 5 671

   3 075 − 321 − 746

   4 500 − 1 550 − 2 950

9. Wähle jeweils eine Zahl der ersten Säule und eine Zahl der zweiten
Säule und bilde deren Summe. Schreibe alle Möglichkeiten auf.
Ordne die Ergebnisse anschließend der Größe nach und verwende das
Zeichen <.

4		101
209		53
7		11

10. Tina hat 20 Euro von ihrem Taschengeld gespart und geht damit auf den Flohmarkt. Dort kauft sie sich
eine CD für 5 Euro und 4 Bücher für jeweils 3 Euro. Wie viel Geld hat sie am Ende des Tages noch übrig?

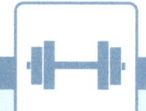

11. Familie Müller plant ihren Sommerurlaub. Insgesamt müssen sie hierfür 1640 Euro bezahlen. Die Eltern zahlen jeweils 550 Euro und für den Sohn zahlen sie 300 Euro. Wie viel Euro kostet der Urlaub für die Tochter?

Insgesamt darf der Familienurlaub nicht teurer werden als 2000 Euro. Lisa möchte jedoch gerne mit der ganzen Familie in den Kletterpark und ins Erlebnisbad. Wie viel Euro stehen den Müllers anschließend noch für Sonderausgaben zur Verfügung?

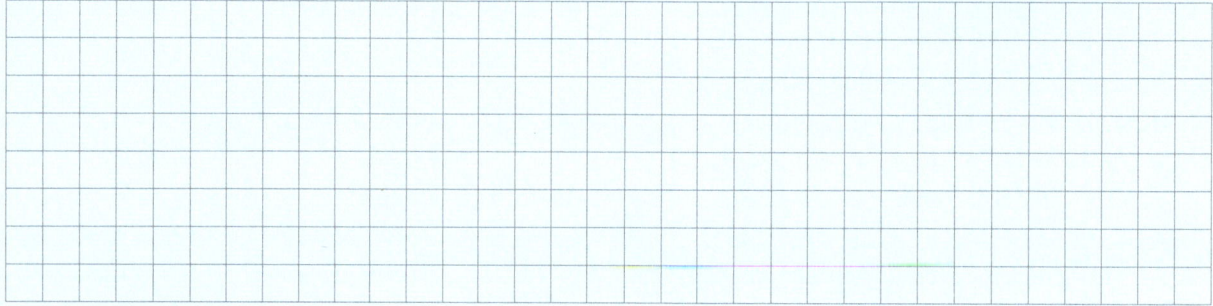

Multiplizieren und Dividieren

Information

Bei Berechnungen mit „mal" und „geteilt" verwendet man folgende Fachbegriffe.

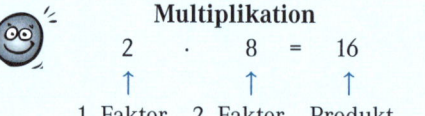

Multiplikation				Division		
2	·	8	= 16	30	: 5	= 6
↑	↑	↑		↑	↑	↑
1. Faktor	2. Faktor	Produkt		Dividend	Divisor	Quotient

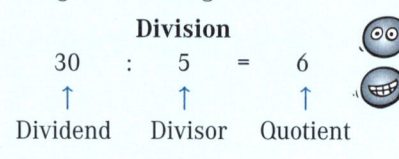

Multiplikation und Division sind entgegengesetzte Rechenarten: $13 \overset{\cdot 7}{\underset{:7}{\rightleftarrows}} 91$

12. Mit kleineren Zahlen kannst du leicht im Kopf rechnen. Berechne die folgenden Terme. Mache jeweils die Probe durch die entgegengesetzte Rechenart.

$8 \cdot 7 =$ .... $12 \cdot 4 =$ .... $16 \cdot 3 =$ ....

Probe: ....   Probe: ....   Probe: ....

$81 : 9 =$ .... $49 : 7 =$ .... $144 : 12 =$ ....

Probe: ....   Probe: ....   Probe: ....

Information

Bei der Multiplikation darf man die Reihenfolge der Faktoren vertauschen. **(Kommutativgesetz)**	Bei der Multiplikation darf man beliebig Klammern setzen oder auch weglassen. **(Assoziativgesetz)**
Beispiel: $6 \cdot 8 = 8 \cdot 6$	Beispiel: $(13 \cdot 2) \cdot 5 = 13 \cdot (2 \cdot 5) = 13 \cdot 2 \cdot 5 = 13 \cdot 10 = 130$

13. Rechne im Kopf. Beachte Rechenvorteile.

$5 \cdot 9 \cdot 2 =$ _____ $2 \cdot 11 \cdot 11 =$ _____ $8 \cdot 7 \cdot 125 =$ _____

$3 \cdot 4 \cdot 25 =$ _____ $7 \cdot 2 \cdot 15 =$ _____ $5 \cdot 9 \cdot 12 =$ _____

14. Anna erzählt Ben ihren Tipp zum Multiplizieren:
„Das Multiplizieren kann ich mir am besten durch Zusammenlegen vorstellen: Sieben Freunde sind zu einer Geburtstagsfeier eingeladen und jeder gibt 6€ für das Geschenk – das ergibt insgesamt
$6€ + 6€ + 6€ + 6€ + 6€ + 6€ + 6€ = 7 \cdot 6€ = 42€$."

Ben kann sich das Dividieren gut vorstellen:
„Beim Dividieren ist es genau umgekehrt, es wird etwas aufgeteilt. Wenn 30€ auf 6 Personen verteilt werden erhält jeder 5€.
Die Rechnung lautet $30€ : 6 = 5€$."

Schreibe jeweils eine Situation zum Multiplizieren und Dividieren in dein Heft, an der du dir die Rechenarten merken kannst.

Schriftliches Multiplizieren und Dividieren

Information

Werden die Zahlen zu groß, so rechnet man schriftlich:

Schriftliches Multiplizieren

4	1	7	·	2	3	8	
		8	3	4	0	0	← 417 · 200
		1	2	5	1	0	← 417 · 30
			3	3	3	6	← 417 · 8
				1			
		9	9	2	4	6	

Schriftliches Dividieren

$5966 : 19 = 314$

$59 : 19 = 3$ Rest 2
$26 : 19 = 1$ Rest 7
$76 : 19 = 4$ Rest 0

$3 \cdot 19 = 57$
$1 \cdot 19 = 19$
$4 \cdot 19 = 76$

15. Berechne schriftlich.

a) 525 · 13 = ...

104 · 26 = ...

121 · 7 = ...

b) 525 : 25 = ...

546 : 32 = ...

16 300 : 4 = ...

16. Multipliziere und dividiere schriftlich. Bei der Division ergibt sich kein Rest.
Es ergeben sich besondere Ergebnisse.

a) 15 · 823 = ...

111 · 111 = ...

63 · 481 = ...

b) 43 329 : 13 = ...

171 717 : 17 = ...

488 884 : 22 = ...

17. Eine Runde um den Sportplatz ist 400 m lang.
Olivers Vater möchte als Training für das Sportabzeichen
jeden Abend 2 km laufen.
Wie viele Runden muss der Vater laufen?

18. Lukas, Jana und Tim wollen Obstsalat machen.
Sie gehen auf den Markt einkaufen.
Sie kaufen 500 g Äpfel, 1000 g Orangen,
2000 g Bananen und 1000 g Weintrauben.
Wie viel müssen sie insgesamt bezahlen?
Sie wollen sich den Preis teilen.
Wie viel muss jedes Kind bezahlen?

19. Nina fährt täglich mit dem Fahrrad zur Schule. Für ihren Schulweg
benötigt sie morgens 17 Minuten und mittags 21 Minuten.

a) Wie viele Minuten ist Nina pro Woche mit dem Fahrrad unterwegs?

b) Wie viele Minuten sind dies in einem Monat (4 Wochen)?

c) Wie viele Stunden sind dies im Monat?
(Runde dein Ergebnis auf volle Stunden.)

Terme und Rechengesetze

Information

Einen Rechenweg, der aus mehreren Schritten besteht, kann man auch als **Term** aufschreiben:
$21 + 6 \cdot (18 + 2)$

Möchte man den Wert eines Terms berechnen, so muss man die **Vorrangregeln** beachten:
Erst Klammern, dann Punktrechnung vor Strichrechnung.
In allen anderen Fällen wird von links nach rechts gerechnet.

Beispiel:
$21 + 6 \cdot (18 + 2)$
$= 21 + 6 \cdot 20$
$= 21 + 120$
$= 141$

Merke dir die **KlaPS**-Regel:
- erst **Kla**mmern
- dann **P**unktrechnung
- dann **S**trichrechnung

20. Berechne den Wert der angegebenen Terme.
Achte auf den richtigen Gebrauch des Gleichheitszeichens.

a) $(13 \cdot 3 - 7 \cdot 3) : 9$ **b)** $21 - 14 \cdot 0 + (100 : 25) \cdot 1$ **c)** $(2 + 4) \cdot (2 + 4) : 6$

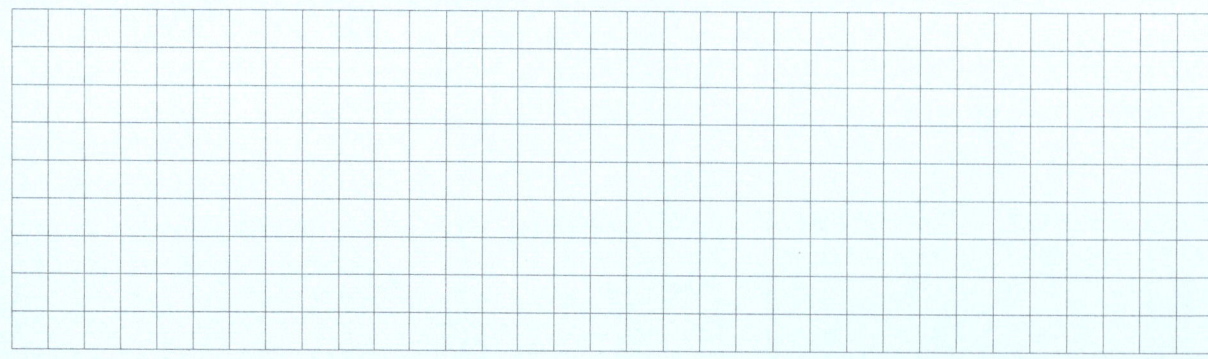

21. Berechne wie im Beispiel.

a) $[72 : (25 - 17)] \cdot 3 : 27$

b) $25 : [[3 \cdot (15 - 2)] : 13 + 2]$

$10 \cdot [(40 - 30) : 2]$
$= 10 \cdot [10 : 2]$
$= 10 \cdot 5$
$= 50$

Bei mehreren Klammern rechnen wir von innen nach außen.

22. Stelle zunächst den Term auf und berechne dann seinen Wert.

a) Addiere 5 zum Produkt der Zahlen 3 und 4.

b) Dividiere 180 durch die Differenz aus 111 und 21.

c) Multipliziere den Quotienten von 44 und 4 mit 10.

23. Tom und Insa dürfen zusammen pro Woche 4 Stunden ins Internet. Tom hat schon 33 Minuten im Internet verbracht und Insa 45 Minuten. Die noch verbleibenden Minuten wollen sie sich teilen.
Stelle einen Term auf und berechne anschließend das Ergebnis.

24. „Ich bin die Differenz aus zwei Zahlen, wobei der Minuend eine Summe ist. Der erste Summand ist die Differenz von 1065 und 82. Der zweite Summand ist die Quersumme von 29.
Der Subtrahend ist diejenige gerade Zahl, die größer ist als das Ergebnis aus 3 mal 3 und kleiner ist als das Ergebnis aus 3 mal 4.
Kannst du herausfinden welche Zahl ich bin?"

> Für die **Quersumme** addierst du alle Ziffern einer Zahl.
> Beispiel:
> Quersumme von 341:
> 3 + 4 + 1 = 8

Du hast bereits gelernt, dass du bei der Addition und der Multiplikation die Zahlen vertauschen und die Klammern umsetzen darfst.

Information

Ein weiteres hilfreiches Rechengesetz ist das **Distributivgesetz**.
Hierbei verteilt man einen Faktor auf mehrere Summanden:
$$6 \cdot (25 + 2) = 6 \cdot 25 + 6 \cdot 2 = 150 + 12 = 162$$

> Alle Distributivgesetze können auch rückwärts angewendet werden:
> $13 \cdot 8 - 3 \cdot 8 = (13 - 3) \cdot 8$
> $= 10 \cdot 8 = 80$

Auch beim Subtrahieren gibt es ein Distributivgesetz:
$$6 \cdot (25 - 2) = 6 \cdot 25 - 6 \cdot 2 = 150 - 12 = 138$$

> Beim Dividieren muss man daran denken, dass nicht durch null geteilt werden kann.

Auch beim Dividieren gibt es ein Distributivgesetz:
$$(26 + 130) : 13 = 26 : 13 + 130 : 13 = 2 + 10 = 12$$

25. Berechne. Beachte Rechenvorteile und die richtige Termschreibweise.

a) $101 + 58 + 99 + 42 + 87$

d) $3 \cdot (10 + 4)$

b) $4 \cdot 7 \cdot 25 \cdot 7$

e) $221 : 11 - 100 : 11$

c) $(172 - 22) : 15$

f) $8 \cdot (25 + 7)$

26. Richtig oder falsch? Entscheide „auf einen Blick".

a)	$(13 + 9) \cdot 14 = 13 \cdot 14 + 9 \cdot 14$	
b)	$13 + 1 \cdot 2 = 14 \cdot 2$	
c)	$7 \cdot 19 \cdot 11 \cdot 10 = 19 \cdot 10 \cdot 7 \cdot 11$	
d)	$2 \cdot (3 + 14) = (2 \cdot 3) + 14 = 6 + 14 = 20$	

Potenzieren

Information

In manchen Rechnungen kommt ein und derselbe Faktor mehrfach vor. Dann können wir eine verkürzte Schreibweise wählen.

$3 \cdot 3 \cdot 3 \cdot 3 = 3^4$ gelesen: 3 hoch 4

3^4 heißt **vierte Potenz** von 3.

3^4

Exponent (Hochzahl)

Basis (Grundzahl)

Beispiele:

$2^5 = 2 \cdot 2 \cdot 2 \cdot 2 \cdot 2$ $7^2 = 7 \cdot 7$ $8^1 = 8$

27. Berechne.

a) $6^2 =$ .... $2^4 =$ .... $9^0 =$ ....

b) $17^0 =$ .... $5^3 =$ .... $1^{13} =$ ....

Für jede beliebige Zahl a gilt: $a^0 = 1$

Beispiele:
$1789^0 = 1$; $15^0 = 1$

28. Schreibe als Potenz.

a) $9 \cdot 9 \cdot 9 \cdot 9 \cdot 9 \cdot 9 \cdot 9 =$ .... $4 \cdot 4 \cdot 4 \cdot 4 =$ .... $10 \cdot 10 =$ ....

b) $10 \cdot 10 \cdot 10 \cdot 10 \cdot 10 =$ .... $12 \cdot 12 \cdot 12 =$ .... $2 \cdot 2 \cdot 2 =$ ....

Potenzen mit der Basis 10 heißen **Zehnerpotenzen**.

Beispiele:
$10^1, 10^2, 10^3, ..., 10^6, 10^9$

Information

Für das Potenzieren gelten folgende **Vorrangregeln**:

* Klammern vor Potenzen
* Potenzrechnung vor Punktrechnung
* Potenzrechnung vor Punkt- vor Strichrechnung

Beispiel:
$(2 + 3)^3 \cdot 4 - 2^4$
$= 5^3 \cdot 4 - 2^4$
$= 125 \cdot 4 - 16$
$= 500 - 16$
$= 484$

Potenzen

Kla(P)PS – Regel

Klammern | Strichrechnung

Punktrechnung

29. Berechne.

a) $4 \cdot 5^2 \cdot 3$

c) $(2 \, 4 : 4)^2 : 6$

b) $(1 \, 3 - 3 + 2^4 - 1) : 2 \, 5$

d) $(1 \, 9 + 3^4) \cdot 1 \, 0^3$

30. Wurden die Rechenregeln richtig angewendet? Korrigiere gegebenenfalls den Rechenweg.

a) $3028 - 28 \cdot 10^2$

$= 3000 - 10 \cdot 10$

$= 3000 - 100$

$= 2900$

b) $15 + 670 \cdot \left[(15 - 12)^3 - 27 \right]$

$= 15 + 670 \cdot (3^3 - 27)$

$= 15 + 670 \cdot (27 - 27)$

$= 15 + 670$

$= 685$

c) $(19 - 18)^5 \cdot (3^2 - 2^3)$

$= 1^5 \cdot (3^2 - 2^3)$

$= 1 \cdot (3^2 - 2^3)$

$= 1 \cdot (9 - 8)$

$= 1$

d) $25 \cdot 4 + 5 \cdot 3 + 2$

$= 100 + 5 \cdot 5$

$= 100 + 25$

$= 125$

e) $3 \cdot 5 + 5 \cdot 7$

$= 3 \cdot 5 + 7 \cdot 5$

$= (3 + 7) \cdot 5$

$= 10 \cdot 5$

$= 50$

f) $1 \cdot 2 + 3 \cdot 4$

$= (1 + 3) \cdot (2 + 4)$

$= 4 \cdot (2 + 4)$

$= 4 \cdot 6$

$= 24$

31. Stelle zunächst den Term auf und berechne dann seinen Wert.

   a) Addiere zu der dritten Potenz von 2 die Zahl 14 und dividiere das Ergebnis anschließend durch 11.

   b) Subtrahiere die zweite Potenz von 9 von der dritten Potenz von 10.

   c) Multipliziere 25 und 4 und dividiere anschließend durch die erste Potenz von 10.

Variable und Gleichungen

Information

> In der Mathematik verwendet man oft Buchstaben als Platzhalter für andere Dinge (z. B. Zahlen). Diese Buchstaben nennt man **Variable**.
>
> Beispiele: $3 \cdot x - 2 = 1$; $a + b = c$

32. Versuche durch Ausprobieren Jannes Rätsel zu lösen.

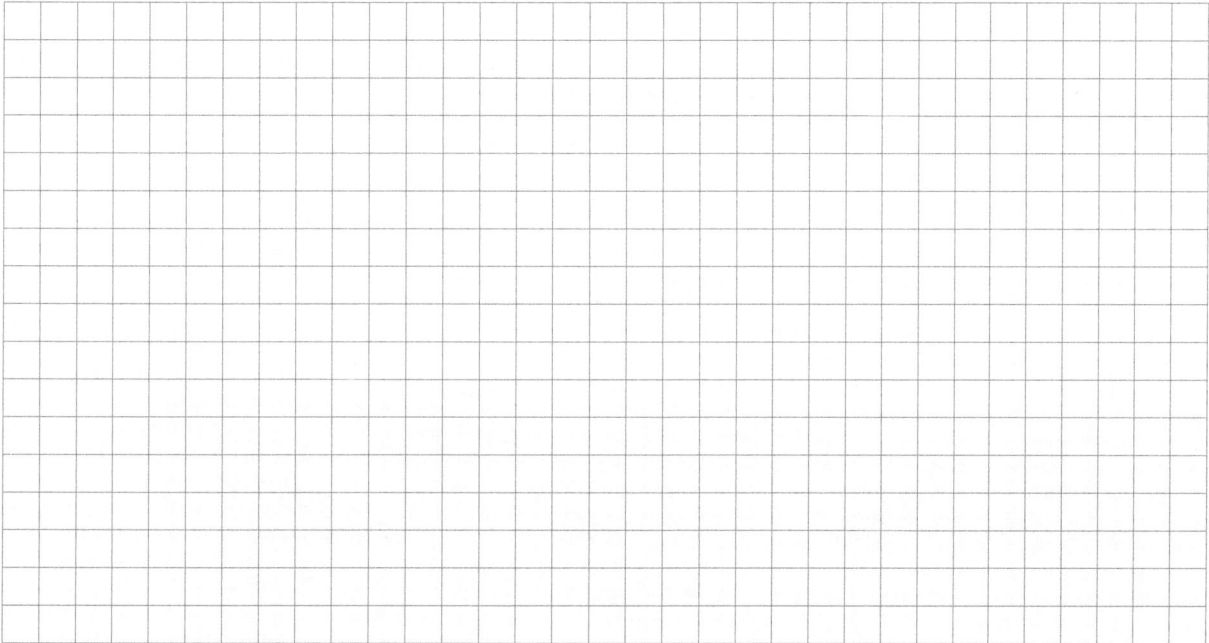

Die Gleichung $5 \cdot x - 12 = 2 \cdot x$ ist wie ein Rätsel, bei dem man für die Unbekannte x (auch Variable genannt) eine passende Zahl sucht.

33. Welche der Zahlen 2, 4, 6, 8, 10 sind eine Lösung der Gleichung?

   a) $7 \cdot x - 4 = 5 \cdot x$ **b)** $x^2 + 16 = 10 \cdot x$

Teiler und Vielfache

Information

> Eine (erste) Zahl heißt **Teiler** einer anderen (zweiten) Zahl, wenn man die zweite Zahl ohne Rest durch die erste dividieren kann. Die zweite Zahl heißt dann **Vielfaches** der ersten.
>
> Beispiele: $4 \mid 20$ $4 \nmid 21$ $3 \xleftrightarrow[\text{ist Vielfaches von}]{\text{ist Teiler von}} 12$
>
> [ist Teiler von]   [ist nicht Teiler von]

34. Ist es ein Teiler oder bleibt ein Rest bei der Division?
Setze das richtige Zeichen | oder ∤ ein und führe die Probe durch.

a) $4 \mid 48$ **c)** 23   92   **e)** 17   71   **g)** 18   90   **i)** 16   74
   Probe: Probe: Probe: Probe: Probe:

   $\underline{48 = 4 \cdot 12}$ ....

b) 19   95   **d)** 22   99   **f)** 13   143   **h)** 11   111   **j)** 6   102
   Probe: Probe: Probe: Probe: Probe:

   ....

35. Bestimme alle Teiler.

a)

Zahl	Teiler
12	
24	
36	
9	
25	
49	
10	
100	
1 000	

b)

Zahl	Teiler
111	
222	
333	
33	
34	
35	
48	
96	
144	

Teilbarkeitsregeln

Information

> Wenn man durch die Zahlen **2**, **5** oder **10** teilen will, schaut man nur auf die *letzte Ziffer*.
> Wenn die letzte Ziffer eine 0 ist, kann man durch 10 teilen.
> Bei einer 0 oder einer 5 kann man durch 5 teilen.
> Und wenn die letzte Ziffer gerade ist, dann kann man durch 2 teilen.
>
> Beispiele: $10 \mid 2\,460$ $5 \mid 685$ $2 \mid 198$

36. Welche Zahlen sind   **a)** durch 2   **b)** durch 5   **c)** durch 10   teilbar?

12				135			1288			1234			7890		
15				250			1299			12345			35790		
20				480			1300			123456			35097		

a) Durch 2 teilbar sind die Zahlen ....

b) Durch 5 teilbar sind die Zahlen ....

c) Durch 10 teilbar sind die Zahlen ....

Information

> Beim Prüfen, ob eine Zahl durch **3** oder **9** teilbar ist, muss man die *Quersumme* bilden – also alle Ziffern addieren. Wenn das Ergebnis durch 3 oder 9 teilbar ist, dann ist das auch die Zahl.
>
> Beispiele: $3 \mid 123$, denn 3 teilt die Quersumme $1 + 2 + 3 = 6$
> $9 \mid 486$, denn 9 teilt die Quersumme $4 + 8 + 6 = 18$

37. Welche Zahlen sind   **a)** durch 3   **b)** durch 9   teilbar?

12				123				555			234			1234		
24				321				666			345			12345		
36				231				777			456			123456		

a) Durch 3 teilbar sind die Zahlen ....

b) Durch 9 teilbar sind die Zahlen ....

Primzahlen

Information

> Jede natürliche Zahl mit genau zwei Teilern heißt **Primzahl**.
> Die ersten Primzahlen sind 2, 3, 5, 7, 11, 13,...
>
> Jede natürliche Zahl kann man in ein Produkt von Primzahlen zerlegen, z. B. $42 = 2 \cdot 3 \cdot 7$.

38. Zerlege in Primfaktoren.

a) $21 = \underline{3 \cdot 7}$

$34 = $ ....

$36 = $ ....

b) $123 = $ ....

$312 = $ ....

$231 = $ ....

c) $555 = \underline{5 \cdot 111 = 5 \cdot 3 \cdot 37}$

$666 = $ ....

$777 = $ ....

d) $120 = $ ....

$180 = $ ....

$250 = $ ....

e) $192 = $ ....

$196 = $ ....

$208 = $ ....

f) $128 = $ ....

$256 = $ ....

$512 = $ ....

45 min

Klassenarbeit 2.1

Themen: Addieren und Subtrahieren, Multiplizieren und Dividieren, Terme – Rechengesetze, Potenzieren

1. Multipliziere, dividiere bzw. subtrahiere schriftlich.

a) $875 \cdot 512 =$ .... **b)** $62\,811 : 63 =$ .... **c)** $804\,000 - 88\,488 =$ ....

6

2. Berechne und erfinde selbst jeweils eine kurze Rechengeschichte, zu der die Rechnung passt.
(*Tipp:* Abkürzungen: h = Stunde; kg = Kilogramm)

a) $25\,kg \cdot 8$ **b)** $72\,h : 24\,h$

6

3. Stelle den Term auf und berechne seinen Wert.

   a) Subtrahiere von 45 die Differenz der Zahlen 10 und 3.

   b) Addiere die Differenz aus 47 536 und 38 215 zur Summe aus 32 814 und 76 543.

5

4. Sind die Behauptungen richtig oder falsch? Begründe deine Antwort und korrigiere gegebenenfalls die Behauptung.

   a) „Wenn ich zwei Zahlen addiere und hinterher mit 5 multipliziere, dann ist das das Gleiche, als wenn ich die Zahlen jeweils erst mit 5 multipliziere und hinterher die Produkte addiere."

   b) „Die fünfte Potenz von 2 ist 7."

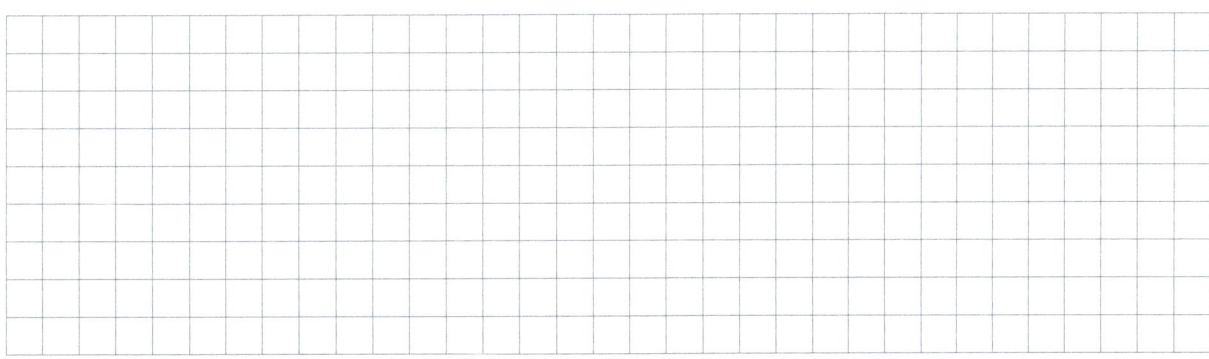

5

5. Marcel hat Ferien und fährt mit Timo in den Freizeitpark. Für die Eintrittskarte hat er 15,50 € ausgegeben und für ein Getränk 2,50 €. Nun möchte er noch ein Poster zu einem Preis von 6,50 € kaufen. Wie viel Geld muss er sich von Timo leihen, wenn er insgesamt nur 20 € von zu Hause mitgenommen hat?

4

26 – 19,5 Punkte	19 – 13 Punkte	12,5 – 0 Punkte
☺	😐	☹

Gesamtpunktzahl 26

45
min

Beginn: .... Ende: ....

Klassenarbeit 2.2

**Themen: Potenzen, Terme – Rechengesetze, Multiplizieren, Subtrahieren, Variable und Gleichungen
Größen und Einheiten (Wdh.)**

1. Berechne. Achte auf die richtige Termschreibweise.

a) $4^3 - 45 : 9 \cdot 4 =$ ....

b) $87 - 3 \cdot (16 - 2^4) =$ ....

c) $8 \cdot 12 - 2 \cdot (3 + 5) =$ ....

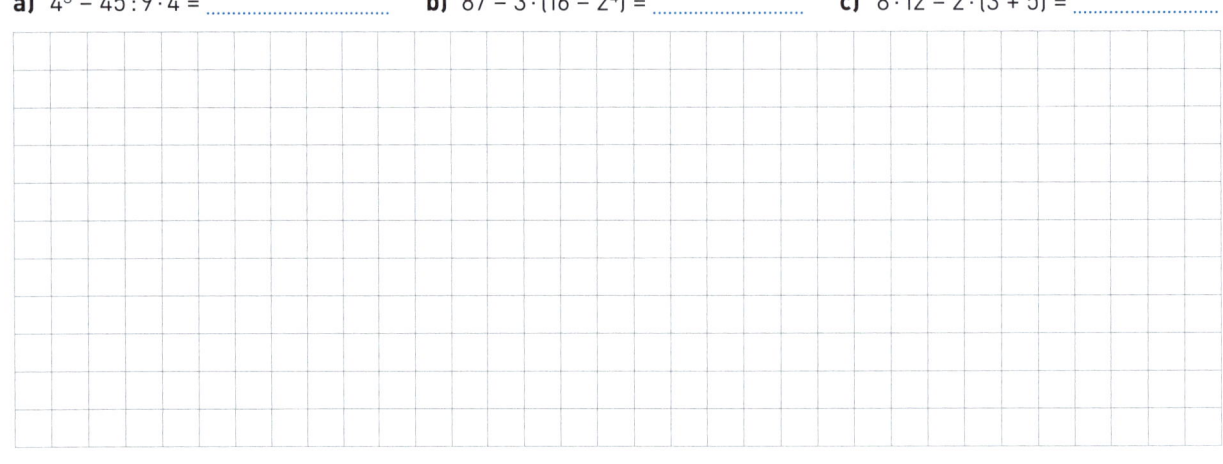

....
6

2. Ein Obstgroßhändler kauft vom Erzeuger 25 Kisten mit je
50 Äpfeln. Er muss dem Erzeuger pro Kiste 5 € bezahlen.

   a) Wie viel Geld muss der Obsthändler insgesamt bezahlen?

   b) Wie viele Äpfel kauft der Obsthändler insgesamt?

   c) Bevor der Obsthändler die Äpfel verkaufen kann, verder-
ben bereits 75 Äpfel. Die übrigen verkauft er für 20 Cent
pro Stück. Wie viel Geld nimmt er ein?

   d) Wie viel Geld bleibt ihm als Gewinn übrig?

....
8

3. a) Stelle zu der Aufgabe den Term auf und berechne seinen Wert: Addiere zum Produkt der Zahlen 45 und 16 die Zahl 2907.

b) Wie ändert sich das Produkt aus drei Faktoren, wenn der erste Faktor verdoppelt, der zweite verdreifacht und der dritte vervierfacht wird? Begründe deine Antwort.

5

4. Gib in einer anderen, sinnvollen Einheit an.

Eine Tüte Goldbären wiegt 300 000 mg. Sie wiegt auch _____.

Beethovens fünfte Sinfonie dauert etwa 3 000 s. Sie dauert auch _____.

Ein neues Fahrrad kostet 56 900 ct. Ein neues Fahrrad kostet _____.

Ein Notenständer wiegt 0,0035 t oder auch _____.

Eine Büroklammer wiegt etwa 0,0008 kg. Sie wiegt auch _____.

Ein Marienkäfer ist 0,000008 km lang. Seine Länge ist _____.

6

5. Welche der Zahlen 1, 2, 3, 4, 5 ist eine Lösung der Gleichung?

a) $2 \cdot x - 1 = 5$ **b)** $x^2 = 20 + x$

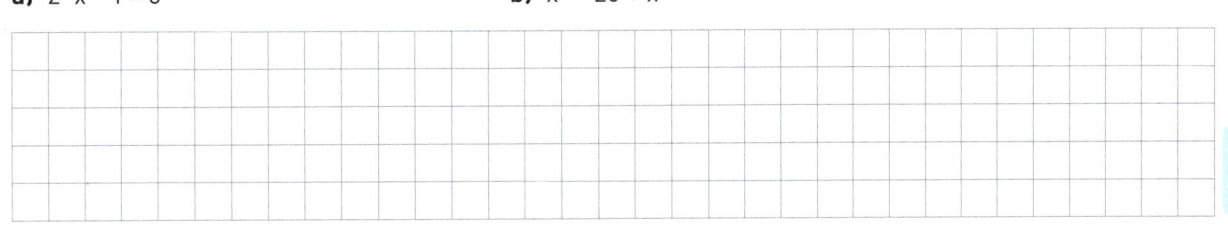

4

29 – 23 Punkte	22,5 – 14,5 Punkte	14 – 0 Punkte
☺	😐	☹

Gesamtpunktzahl   29

45 min

Beginn: .... Ende: ....

Klassenarbeit 2.3

Themen: Schriftliches Dividieren, Variable und Gleichungen, Rechnen mit Größen (Wdh.)

1. Ein Kreuzfahrtschiff hat 2 214 Passagiere und Besatzungs-
mitglieder an Bord. Jedes Rettungsboot hat Platz für
76 Personen.
Wie viele Rettungsboote muss das Schiff mindestens mitfüh-
ren, wenn für jede Person ein Rettungsplatz zur Verfügung
stehen muss?

....
5

2. Die Klasse 5 d plant für den nächsten Wandertag einen Ausflug zum Freizeitpark.
Die Gesamtkosten für diesen Ausflug (Bus, Eintrittsgelder, ...) sollen 1000 € nicht überschreiten.
Es sind 25 Kinder in der Klasse.
Wie viel Geld müsste jedes Kind bei dieser Obergrenze von 1000 € zahlen?

....
3

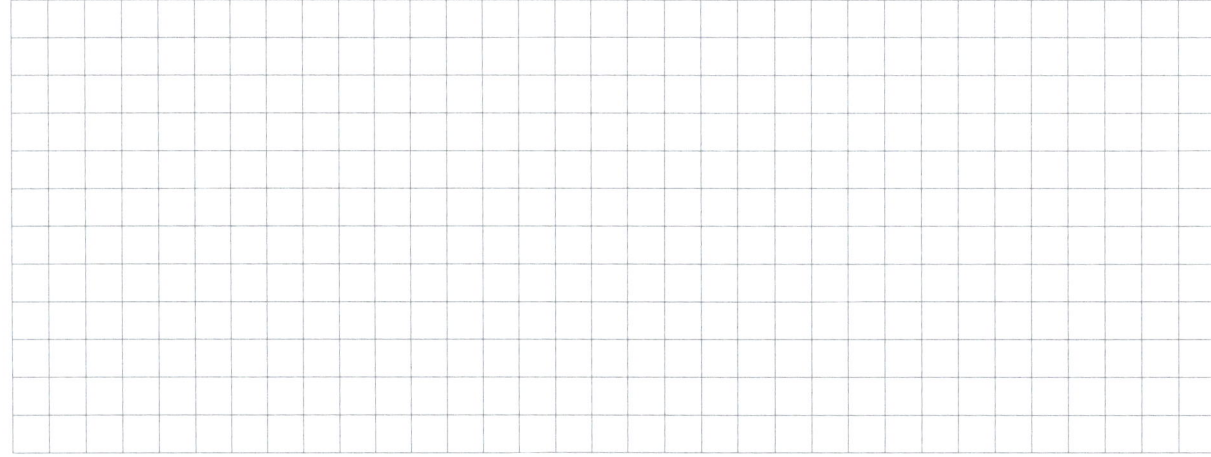

3. Bestimme die Lösung der Gleichung. Setze dazu die Zahlen 1, 3, 5, 7, 9 für die Variable x ein.

a) $3 \cdot x + 4 = 10 + x$ **b)** $10 \cdot x - 15 = 5 \cdot x + 10$

4

4. Grundrechenarten und Größen

a) Ein mit 52 Personen besetzter Bus (einschließlich Fahrer) kommt an eine Brücke mit dem Schild: Tragfähigkeit 14 t. Der Bus wiegt leer 12,95 t. Eine Person wiegt im Durchschnitt 70 kg. Wie viele Personen müssen aussteigen, wenn kein Gepäck mitgeführt wird?

b) Das zulässige Höchstgewicht für die Ladung eines Schlauchboots beträgt 250 kg. Es befinden sich bereits Uwe (38 kg), Petra (34 kg), Petras Vater (85 kg) und Uwes Mutter (68 kg) in dem Boot. Darf Uwes Hund (30 kg) auch noch mitfahren?

7

19 – 15,5 Punkte	15 – 9,5 Punkte	9 – 0 Punkte
☺	😐	☹

Gesamtpunktzahl   19

45 min

Beginn: .... Ende: ....

Klassenarbeit 2.4

Themen: Multiplizieren und Dividieren, Teiler und Vielfache, Teilbarkeitsregeln, Primzahlen, Runden (Wdh.)

1. In der Bundesliga-freien Zeit soll in Dortmund ein Radrennen stattfinden, und zwar der „Große Preis von Dortmund". Insgesamt geht das Rennen über 180 km und wird auf einer 16 km langen Rundstrecke durchgeführt.

   a) Wie weit entfernt von der Startlinie muss die Ziellinie markiert werden?

   b) Die Zweirad-Profis Michael und Yannik werden als Favoriten gehandelt: in der Qualifikation ist Michael 3 Runden in 72 Minuten gefahren, Yannik hat für 2 Runden nur 48 Minuten gebraucht.
   Berechne die jeweilige Rundenzeit.

   c) Wie lange wird das Rennen mindestens dauern?
   Hinweis: Du kannst davon ausgehen, dass der Sieger nicht schneller als der schnellste Fahrer in der Qualifikation fährt.

.... 6

2. Ein Lastwagen darf mit höchstens 4600 kg beladen werden. Es sind schon 35 Kisten mit je 97 kg aufgeladen worden.

   a) Dürfen noch zusätzlich 12 Kisten mit je 117 kg aufgeladen werden?
   Notiere die Rechnung und begründe deine Antwort.

   b) Wie viele Kisten zu je 117 kg dürfen maximal zu den bisher aufgeladenen 35 Kisten mit je 97 kg hinzugefügt werden, wenn die Gesamtlast von 4600 kg nicht überschritten werden darf?

.... 6

3. Wahr oder falsch? Entscheide und gib eine kurze Begründung oder eine Probe an.

	Aussage	Richtig?	Falsch?	Begründung/Probe
(1)	10 ist ein Teiler von 100, aber 100 ist kein Teiler von 10.			
(2)	125 ist ein Teiler von 1 000.			
(3)	27 ist ein Teiler von 81.			
(4)	49 ist ein Teiler von 50.			
(5)	Weil 16 und 24 Vielfache von 8 sind, ist 16 ein Teiler von 24.			
(6)	Alle Zahlen teilen die 0 und 0 ist immer ein Vielfaches.			

6

4. Bestimme die Primfaktorzerlegung der Zahl.

a) 180 = ... **b)** 333 = ... **c)** 525 = ...

6

5. a) Runde auf Hunderter.

2 731 ≈ ....

145 893 ≈ ....

6 676 ≈ ....

b) Runde auf Zehntausender.

253 481 ≈ ....

99 999 ≈ ....

347 611 ≈ ....

3

27 – 20,5 Punkte	20 – 13,5 Punkte	13 – 0 Punkte
☺	😐	☹

Gesamtpunktzahl 27

3. Körper und Figuren

Zum Aufwärmen: Verstehen und Üben

Körper, Vielecke und Geraden

Information

Räumliche Figuren werden in der Geometrie als **Körper** bezeichnet. Sie bestehen aus Ecken, Kanten und Flächen.
Folgende Figuren sind die geometrischen Grundkörper.

Würfel (begrenzt durch 6 Quadrate)	**Quader** (begrenzt durch 6 Rechtecke)	**Zylinder** (begrenzt durch 2 Kreise und 1 gewölbte Rechteckfläche)	**Kegel** (begrenzt durch 1 Kreis und 1 gewölbte Fläche)
Kugel (begrenzt durch 1 gewölbte Fläche)	**Prisma** (begrenzt durch 2 Vielecke als Grund- und Deckfläche, Rechtecke als Seitenflächen)	**Pyramide** (begrenzt durch 1 Vieleck als Grundfläche, Dreiecke als Seitenflächen)	Beachte, dass die Spitze eines Kegels keine Ecke ist, da sich hier keine Kanten treffen. Man nennt diesen Punkt **Spitze**. Die Spitze einer Pyramide ist hingegen auch eine Ecke, da sich hier mehrere Kanten treffen.

1. Die Klasse 5a spielt „Körper fühlen". Ein Schüler fühlt einen Körper, der sich in einem blauen Säckchen befindet und beschreibt ihn. Welche Körper fühlen wohl Jonas, Marie und Merle?
   Jonas: „Mein Körper hat überhaupt keine Ecken."
   Marie: „Ich fühle eine Spitze und einen Kreis."
   Merle: „Ich habe einen Körper, der aus vier gleich großen Rechtecken und zwei Quadraten besteht."

   Jonas: ....   Marie: ....   Merle: ....

2. Fülle die Tabelle aus:

Gegenstand	geometrischer Körper
Tipi	
	Kugel
Packung Butterkeks	
Zauberhut	

3. Aus welchen Grundkörpern sind folgende Körper zusammengesetzt?

 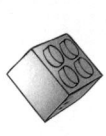  

....

....

....

Information

Ein **Vieleck** ist eine Fläche, die von geraden Linien begrenzt wird. Diese Linien heißen **Seiten** und dürfen sich nicht überschneiden.
Vielecke werden mithilfe ihrer **Eckpunkte** bezeichnet.
Dieses Viereck heißt ABCD.

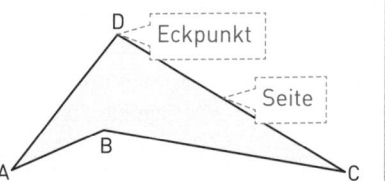

Information

Eine **Strecke** ist die geradlinige Verbindung zweier Punkte.
Die Strecke wird mit $\overline{AB}$ bezeichnet, die Länge der Strecke mit $|AB|$, z. B. $|AB| = 3,5\,cm$.

Eine **Diagonale** eines Vielecks ist eine Strecke, die zwei Eckpunkte verbindet und keine Seite des Vielecks ist.
$\overline{AB}$, $\overline{BC}$, $\overline{CD}$, $\overline{AD}$ sind Seiten.
$\overline{AC}$ und $\overline{BD}$ sind Diagonalen des Vierecks.

Unter dem **Umfang** eines Vielecks versteht man die Summe aller Seitenlängen.
$u = |AB| + |BC| + |CD| + |AD|$

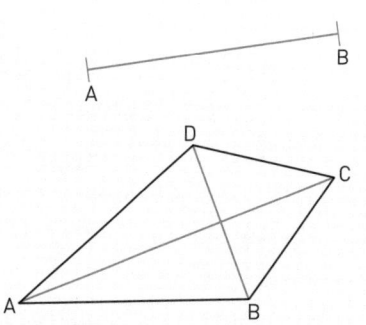

Information

Geraden sind gerade Linien, die keinen Anfangs- und keinen Endpunkt haben, sie sind unbegrenzt. Geraden werden mit kleinen Buchstaben wie a, b, c, ... bezeichnet oder durch zwei Punkte, die auf der Geraden liegen.

Zwei Geraden können einen Schnittpunkt haben   zueinander parallel sein   zueinander orthogonal (senkrecht) sein.

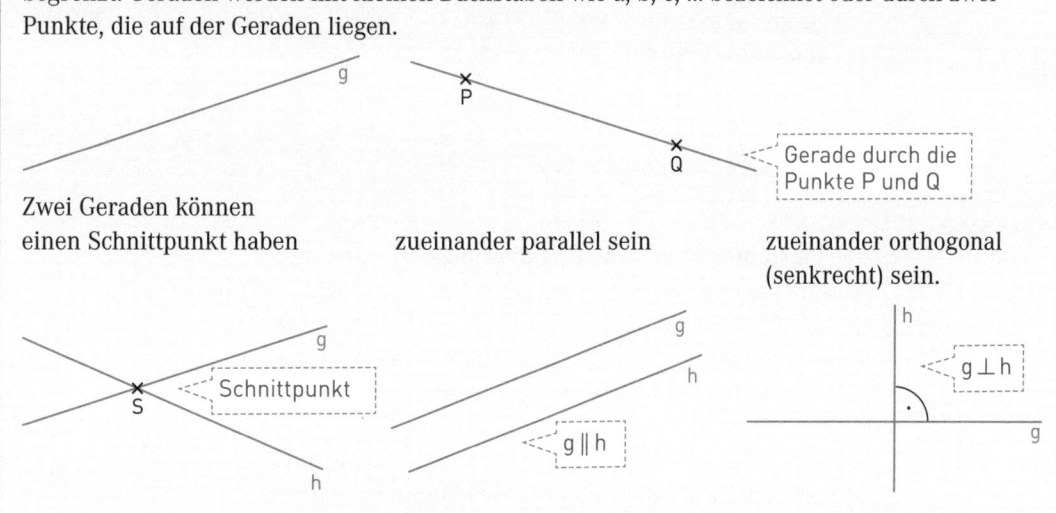

4. Gib alle Seiten und Diagonalen in den Vielecken an.

(1) Seiten: ....

Diagonalen: ....

(2) Seiten: ....

Diagonalen: ....

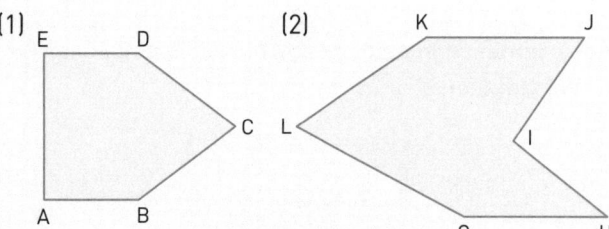

5. Zeichne
    a) eine Strecke $\overline{AB}$ mit $|AB| = 3{,}5\,cm$;
    b) eine Gerade g;
    c) eine Gerade h, die parallel zu g ist;
    d) eine Gerade l, die orthogonal zu g ist.

6. Welche der folgenden Aussagen sind wahr? Kreuze die richtigen Aussagen an.

    ☐ (1) A liegt auf h.

    ☐ (2) D liegt auf allen drei Geraden.

    ☐ (3) D ist Schnittpunkt der Geraden g und h.

    ☐ (4) B liegt auf keiner der Geraden.

    ☐ (5) $\overline{AD}$ ist eine Strecke, die auf h liegt.

    ☐ (6) C liegt auf h.

    ☐ (7) i und h sind parallel zueinander.

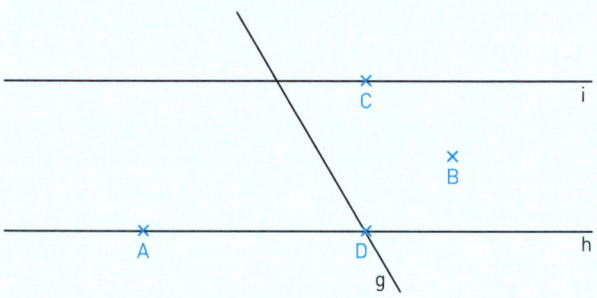

7. Zeichne ein Fünfeck ABCDE, miss die Seitenlängen und bestimme den Umfang.

Information

Der **Abstand** zweier Punkte ist die Länge der kürzesten Verbindungsstrecke.

Der **Abstand** eines Punktes P von einer Geraden ist die Länge der kürzesten Verbindungsstrecke zwischen dem Punkt und der Geraden.
Um den Abstand eines Punktes von einer Geraden zu bestimmen, zeichnet man zunächst vom Punkt eine Strecke, die orthogonal (senkrecht) auf die Gerade trifft. Die Länge dieser Strecke ist der Abstand.

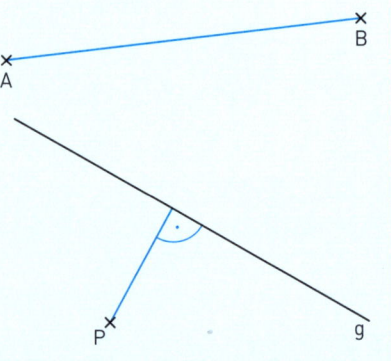

8. Bestimme den Abstand der Punkte A und B von der Geraden g.

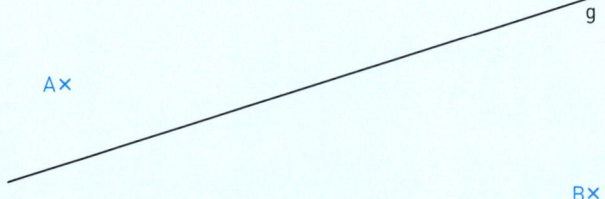

9. Zeichne einen Punkt P, der von g den Abstand 4 cm hat, und einen Punkt Q mit dem Abstand 1,5 cm zur Geraden g.

Koordinatensystem

Information

Ein **Koordinatensystem** besteht aus einem nach rechts gerichteten Zahlenstrahl (Rechtsachse, x-Achse) und einem nach oben gerichteten Zahlenstrahl (Hochachse, y-Achse).
Beim Punkt A (3 | 5) heißt 3 die **1. Koordinate (x-Koordinate)**, 5 heißt **2. Koordinate (y-Koordinate)**.
Du findest A, indem du vom Koordinatenursprung erst 3 Einheiten nach rechts und von dort 5 Einheiten nach oben gehst.

erst rechts, dann hoch

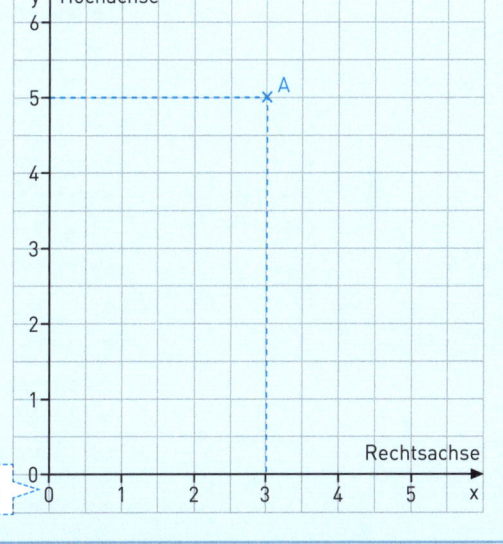

Ursprung

10. Zeichne ein Koordinatensystem in dein Heft und trage darin folgende Punkte ein:
A (1 | 3); B (2 | 4); C (0 | 1); D (5 | 0); E (6 | 7); F (3 | 3).
Überlege beim Zeichnen des Koordinatensystems, welche Einteilung der Achsen sinnvoll ist.

11. Gib die Koordinaten der Punkte A, B, C, D an.

A (.......... | ....)

B (.......... | ....)

C (.......... | ....)

D (.......... | ....)

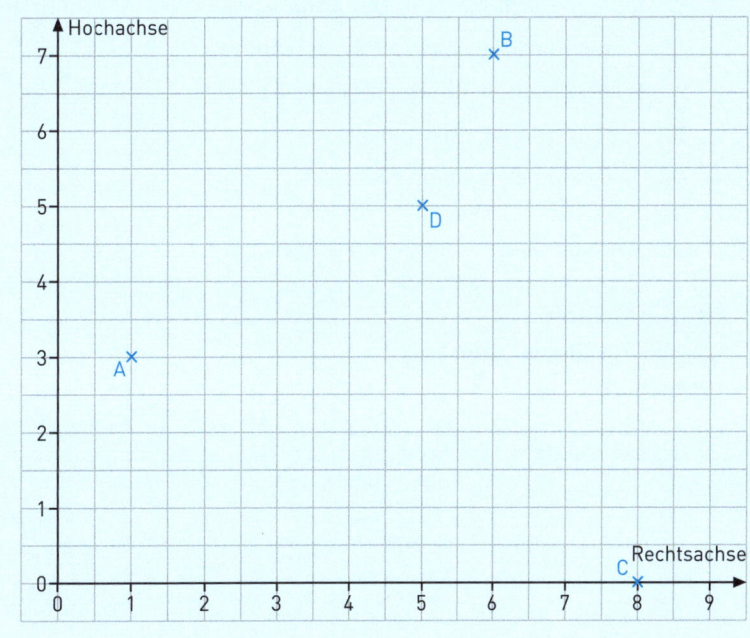

Besondere Vierecke

Information

Parallelogramm:	Ein Viereck, bei dem die gegenüberliegenden Seiten jeweils parallel zueinander sind, nennt man Parallelogramm.

AB ∥ CD
AD ∥ BC

Rechteck:	Ein besonderes Parallelogramm ist das Rechteck. Die benachbarten Seiten sind orthogonal zueinander, die gegenüberliegenden Seiten sind gleich lang.

Quadrat:	Ein besonderes Rechteck ist das Quadrat. Alle Seiten sind gleich lang, je zwei benachbarte Seiten sind orthogonal zueinander.

|AB| = |BC|
= |CD| = |AD|

Raute (Rhombus):	Die Raute ist ein Parallelogramm mit vier gleich langen Seiten: Die gegenüberliegenden Seiten sind parallel zueinander. Alle 4 Seiten sind gleich lang.

|AB| = |BC|
= |CD| = |AD|

Trapez:	Ein Viereck, bei dem mindestens zwei gegenüberliegende Seiten parallel zueinander sind, nennt man Trapez. Die parallelen Seiten heißen **Grundseiten**, die beiden anderen Seiten heißen **Schenkel.**

AB ∥ CD

12. Überprüfe, welche der folgenden Aussagen wahr sind. Kreuze die richtigen Aussagen an.

- ☐ (1) Alle Quadrate sind Rechtecke.
- ☐ (2) Es gibt Rechtecke, die Quadrate sind.
- ☐ (3) Jedes Parallelogramm ist ein Trapez.
- ☐ (4) Es gibt Rauten, die Rechtecke sind.
- ☐ (5) Jede Raute ist ein Quadrat.
- ☐ (6) Jedes Quadrat ist eine Raute.

13. Nenne Gegenstände aus deinem Zimmer, die
- **a)** mindestens ein Rechteck
- **b)** ein Quadrat
- **c)** ein Parallelogramm

enthalten.

....

....

....

Quader und Würfel

Information

Körper, die von 6 rechteckigen Flächen begrenzt werden, heißen **Quader**.

Würfel sind besondere Quader: Sie werden von 6 quadratischen Flächen begrenzt.

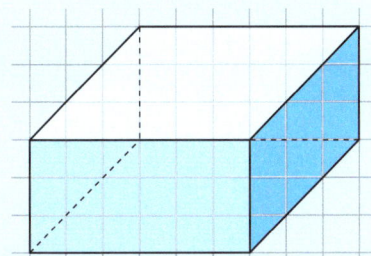
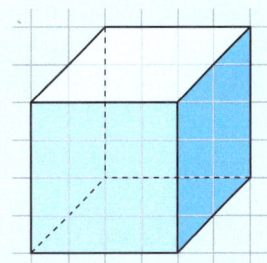

Quader und Würfel können durch **Schrägbilder** dargestellt und mithilfe ebener **Netze** hergestellt werden.

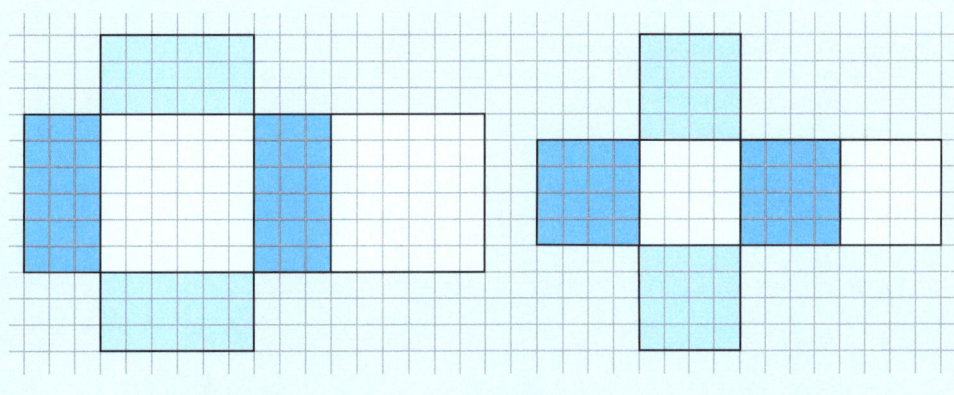

14. Zeichne in dein Heft ein Netz und ein Schrägbild
   a) eines Quaders mit den Kantenlängen 4 cm, 3 cm und 2 cm;
   b) eines Würfels mit der Kantenlänge 2 cm.

Zeichnen eines Schrägbildes:
1. Zeichne die Vorderseite mit den gegebenen Maßen.
2. Zeichne nach hinten verlaufende Kanten diagonal und verkürzt (1 cm entspricht einer Kästchendiagonale). ACHTUNG: Die nicht sichtbaren Kanten werden gestrichelt gezeichnet.
3. Zeichne die Rückfläche.

15. Welche der hier abgebildeten Gegenstände sind
   a) Quader
   b) Würfel?

....

....

....

....

....

45
min

Klassenarbeit 3.1

Themen: Körper, Stellenwerttafel (Wdh.)

1. Ordne folgenden Gegenständen einen Grundkörper zu.

Gegenstand	Grundkörper
Dose	
Orange	
Pralinenschachtel mit achteckiger Grundfläche	
Zuckerhut	
Buch	
Kerze (hier gibt es mehrere Möglichkeiten)	

3

2. Welcher Körper lässt sich aus diesem Netz falten?

a)   b)   c)   d)

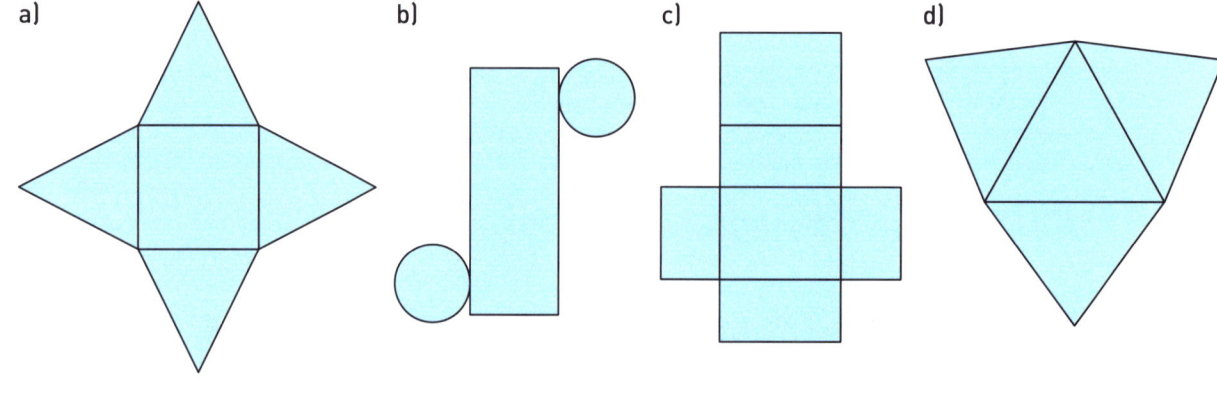

....

....

4

3. Wie heißt der Körper mit folgenden Eigenschaften?

a) Er besitzt 8 Flächen, davon 6 Rechtecke.   Antwort: ....

b) Er besitzt 12 Kanten mit zwei verschiedenen Längen.   Antwort: ....

3   **c)** Er besitzt eine Kreisfläche und eine Spitze.   Antwort: ....

4. Nenne mindestens zwei charakteristische Eigenschaften
a) eines Würfels
b) einer quadratischen Pyramide
c) eines Zylinders.

a) ....

b) ....

6   **c)** ....

5. Marina möchte das Kantenmodell eines Quaders aus Knetbällchen und Draht basteln.
Wie viel cm Draht benötigt sie, wenn der Quader 20 cm hoch, 10 cm breit und 15 cm tief ist?

....

....

....

....

4

6. Nenne mindestens drei geometrische Körper,
die du auf diesem Bild entdecken kannst.

....

....

....

....

....

....

....

3

7. a) Trage folgende Zahlen in die Stellenwerttafel ein: 1205, 43 670, 544, 1250.

ZT	T	H	Z	E

b) Ordne die Zahlen aus Aufgabenteil a).

.... > .... > .... > ....

5

28 – 21 Punkte	20 – 14 Punkte	13 – 0 Punkte
☺	😐	☹

Gesamtpunktzahl **28**

45 min

Klassenarbeit 3.2

Themen: Vielecke, besondere Strecken und Geraden, Koordinatensystem, Terme (Wdh.)

1. Welche der Flächen sind Vielecke? Gib die Namen dieser Vielecke an.

(1)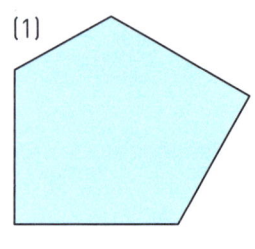

(2)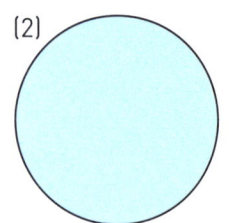

(3)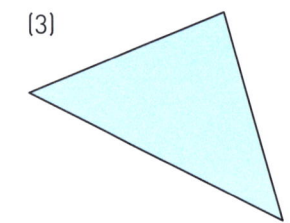

(4)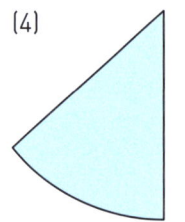

(5)

(6)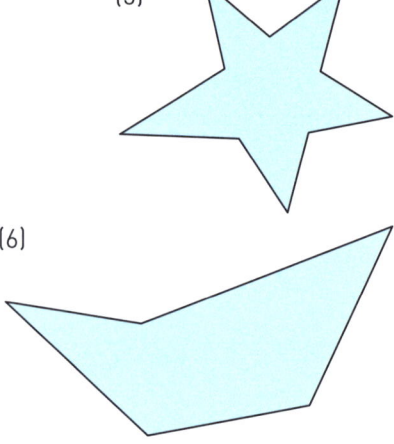

....

....

....

4

2. Zeichne
    a) ein Rechteck mit dem Umfang 18 cm; eine Seite ist 6 cm lang.
    b) eine Raute mit dem Umfang 12 cm.
    c) ein Trapez, dessen Grundseiten 3 cm und 5 cm lang sind.

6

3. Zeichne in das Koordinatensystem die Punkte A(1|1), B(5|1), C(4|4), D(1|5) und E(0|3) ein und verbinde sie in der genannten Reihenfolge.

   a) Um was für ein Vieleck handelt es sich?

   ....

   b) Gib die Bezeichnungen der Seiten an.

   ....

   c) Zeichne mindestens zwei Diagonalen ein.

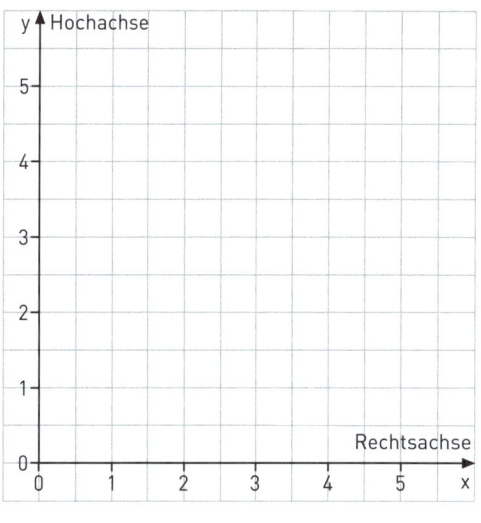

......
8

4. Kreuze an, welche der folgenden Aussagen für die Geraden a, b, c und die Punkte A, B, C wahr sind.
   ☐ (1) a und b sind zueinander parallel.
   ☐ (2) A liegt auf a.
   ☐ (3) B ist Schnittpunkt von b und c.
   ☐ (4) b und c sind zueinander orthogonal.
   ☐ (5) a und c sind zueinander orthogonal.

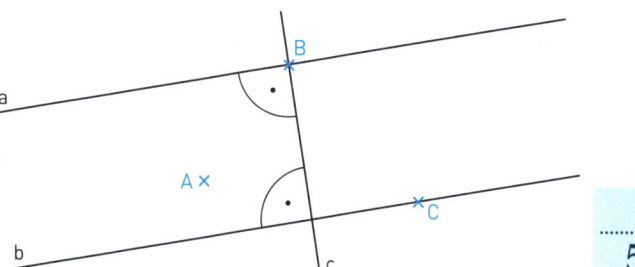

......
5

5. Ordne den speziellen Vierecken die entsprechenden Flächen zu. Beachte, dass es manchmal mehr als eine Möglichkeit gibt.

Parallelogramm

Quadrat

Trapez

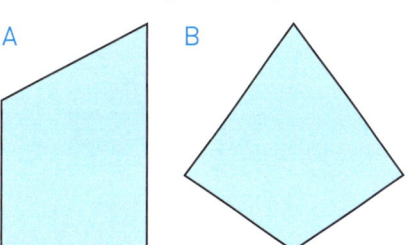
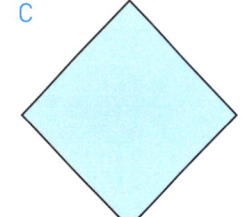
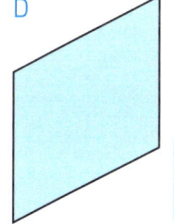

......
6

6. Berechne den Wert folgender Terme:

   a) $(22 - 18)^2 =$ ....

   b) $3 \cdot (25 + 15) =$ ....

   c) $(16 - 8) : 2 =$ ....

   d) $3^2 - 9 =$ ....

......
4

33 – 25 Punkte	24,5 – 16,5 Punkte	16 – 0 Punkte
☺	😐	☹

Gesamtpunktzahl ......
33

45 min

Klassenarbeit 3.3

Themen: Körper und Vielecke, besondere Strecken und Geraden, Koordinatensystem, Einheiten (Wdh.)

1. Nenne drei Beispiele für Quader aus dem Alltag.

3

....

2. Sandra und Kira wollen ein Kantenmodell eines Würfels bauen.
   Eine Kante soll 3 cm lang sein. Wie viel cm Draht benötigen sie?

....

2

....

3. Zeichne ein Netz und ein Schrägbild des Würfels aus Aufgabe 2 auf ein extra Blatt.

6

4. **a)** Zeichne in das Koordinatensystem die Punkte A (5 | 6), B (1 | 4), C (4 | 1) und D (6 | 2) ein.
   b) Zeichne die Gerade g = AB.
   c) Zeichne die Orthogonale h durch C auf g.
   d) Zeichne die Strecke $\overline{CD}$.
   e) Zeichne die Parallele l zu k = DA durch den Punkt B.

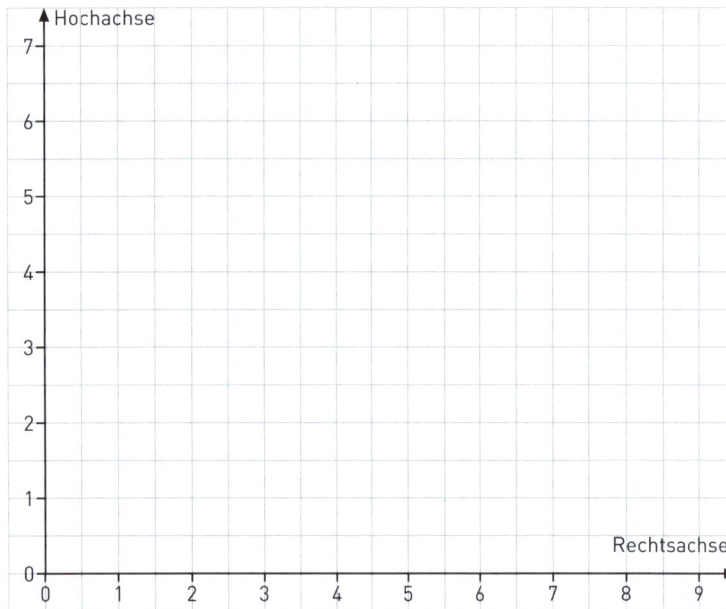

6

5. Jannik hat einen Meter Draht und möchte daraus das Kantenmodell eines Quaders bauen.
   Er soll 12 cm hoch und 6 cm tief sein. Wie breit ist er?
   Nenne zwei Gegenstände, die darin aufbewahrt werden können.

....

8

....

6. Ein Körper hat Rechtecke als Seitenflächen. Zwei davon haben die Seitenlängen 3 cm und 2 cm, zwei Rechtecke haben die Seitenlängen 3 cm und 5 cm und zwei die Seitenlängen 2 cm und 5 cm.

a) Berechne jeweils die Umfänge der Rechtecke.

b) Welchen Körper kann man aus diesen Flächen zusammensetzen?

....

....

.... **7**

7. Felix hat 6 Rechtecke ausgeschnitten, die er zu einem Quader zusammenfügen möchte. Ist das möglich? Begründe.

....

....

....

.... **2**

8. Wandle in die angegebene Einheit um.

a) 1827 kg = ...t   **b)** 75 g = ...kg

655 g = ...kg   1782 m = ...km

972 mm = ...dm   516 m = ...km **6**

40 – 30 Punkte	29,5 – 20 Punkte	19,5 – 0 Punkte
☺	☺	☹

Gesamtpunktzahl **40**

45 min

Klassenarbeit 3.4

Themen: Koordinatensystem, Körper, Geraden und Strecken

1. Zeichne ein Koordinatensystem und trage die Punkte
A (1 | 1) und B (3 | 2) ein.
Verbinde die Punkte zu einer Strecke.
Wie groß ist der Abstand der beiden Punkte?

|AB| = ...

Zeichne dann drei weitere Strecken so ein, dass ein
Quadrat entsteht.
Bestimme den Umfang des Quadrates.

u = ...

7

2. Aus welchen Vielecken besteht

a) eine quadratische Pyramide? ....

4

b) ein sechsseitiges Prisma? ....

3. Die Abbildung zeigt Punkte, Strecken und Geraden. Fülle die Lücken so, dass richtige Aussagen entstehen.

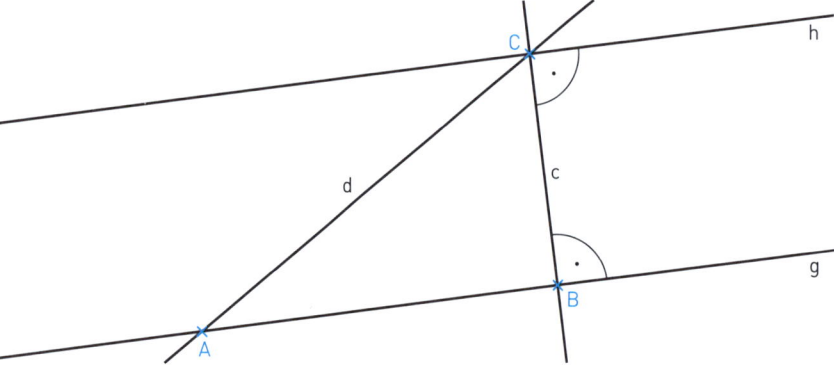

a) g ☐ h

b) |AC| = ...cm

6

c) h ☐ c

d) A ist .... von g und d.

e) g ☐ c

f) BC ist eine .... zu g.

4. Auf einem Zettel findest du folgende Angaben: g∥h, g⊥k, l⊥h.
Beschreibe mit Worten und Symbolen, wie die Geraden k und l zueinander liegen.

....

....

2

....

5. Zeichne ein Rechteck, das den Umfang 12 cm hat, eine Seite soll 4 cm lang sein.

3

6. Welche Seitenlänge hat ein Quadrat mit dem Umfang 20 cm?
Zeichne es und zeichne dann die Diagonalen ein.

3

Die Seitenlänge beträgt ....

7. Um welchen speziellen Körper handelt es sich jeweils?
Notiere auch die Anzahl der Ecken, Kanten und Flächen in der Tabelle.

	(1)	(2)	(3)	(4)
Körper				
Ecken				
Kanten				
Flächen				

8

33 – 25 Punkte	24,5 – 16,5 Punkte	16 – 0 Punkte
☺	☺	☹

Gesamtpunktzahl **33**

4. Flächen- und Rauminhalte

Zum Aufwärmen: Verstehen und Üben

Flächeninhalt – Flächenvergleich

Information

Kann man eine Fläche so in Teilflächen zerlegen, dass man aus diesen Teilflächen eine andere Fläche zusammenlegen kann, so haben die beiden Flächen denselben **Flächeninhalt** (oder auch einfach denselben Inhalt). Der Flächeninhalt ist ein Maß für die Größe einer Fläche.

Unter dem **Umfang einer Fläche** versteht man die Summe aller Seitenlängen.

$$u = 2\,cm + 2\,cm$$
$$+ 3\,cm + 3\,cm$$
$$= 10\,cm$$

$$u = 1{,}5\,cm + 1{,}5\,cm$$
$$+ 4\,cm + 4\,cm$$
$$= 11\,cm$$

Flächen mit demselben Flächeninhalt können unterschiedliche Umfänge haben.

1. Prüfe durch Auszählen, ob die vier Flächen denselben Flächeninhalt haben.

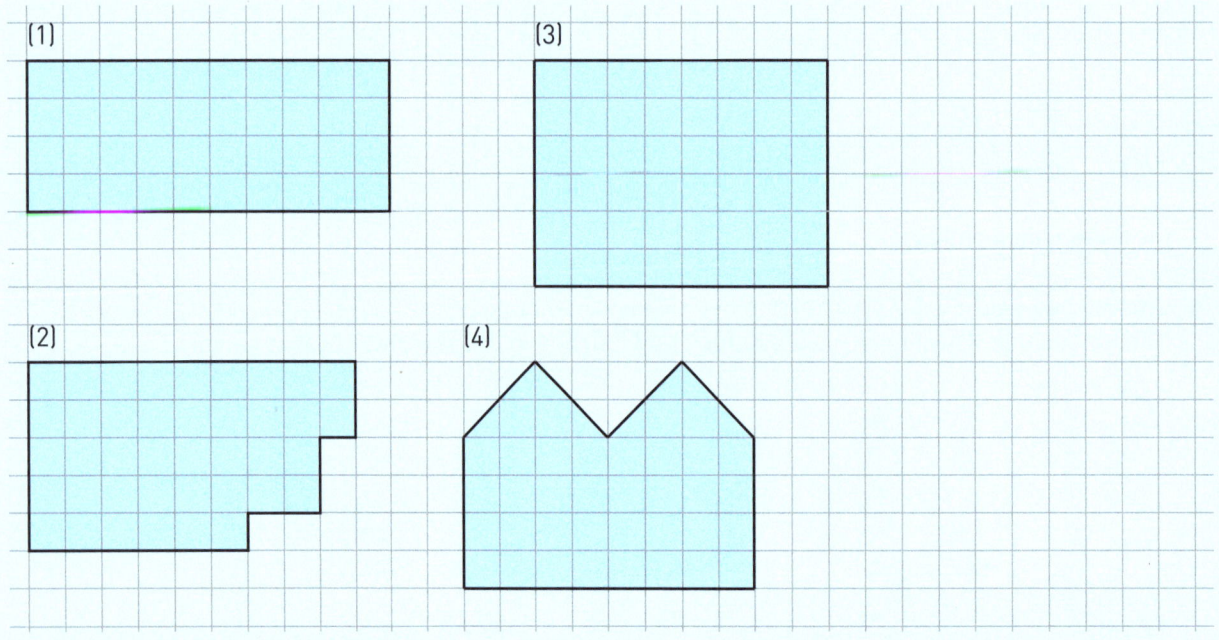

(1)
(3)
(2)
(4)

2. Bestimme die Seitenlängen der Flächen aus Aufgabe 1 und berechne jeweils den Umfang (2 Kästchen sind 1 cm lang).

3. Welche der Flächen haben denselben Inhalt?

....

....

....

....

....

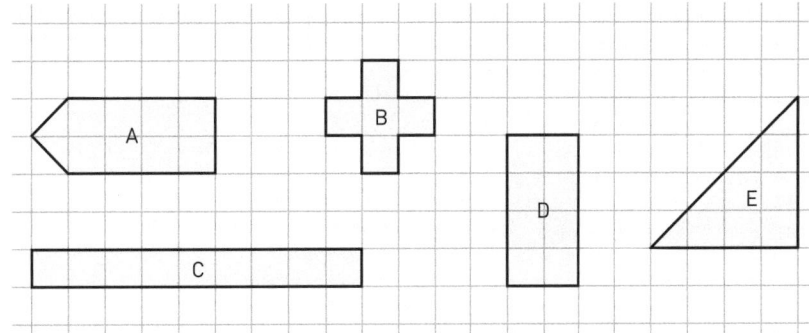

Information

Ein Quadrat mit der Seitenlänge 1 cm hat den Flächeninhalt **1 cm²** (sprich: Quadratzentimeter).

Figuren, die zu einem solchen Quadrat zusammengesetzt werden können, haben ebenfalls einen Flächeninhalt von 1 cm².

Eine Figur, die aus 3 solchen Quadraten zusammengesetzt werden kann, hat den Flächeninhalt 3 cm².

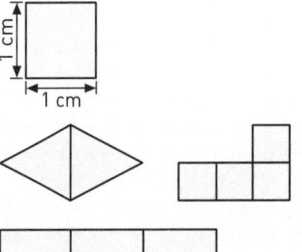

Information

Weitere Einheiten:
Ein Quadrat mit der Seitenlänge 1 mm hat den Flächeninhalt 1 mm².
Ein Quadrat mit der Seitenlänge 1 dm hat den Flächeninhalt 1 dm².
Ein Quadrat mit der Seitenlänge 1 m hat den Flächeninhalt 1 m².

Achtung:
Ein Quadrat mit der Seitenlänge 10 m hat den Flächeninhalt 1 a (1 Ar).
Ein Quadrat mit der Seitenlänge 100 m hat den Flächeninhalt 1 ha (1 Hektar).
Ein Quadrat mit der Seitenlänge 1 000 m hat den Flächeninhalt 1 km².

In eine Fläche mit dem Inhalt 1 cm² passen 100 Quadrate mit der Seitenlänge 1 mm, das heißt mit dem Flächeninhalt 1 mm².
Die Umrechnungszahl ist also 100.

$$1\,\text{km}^2 \xrightleftharpoons[\cdot 100]{:100} 1\,\text{ha} \xrightleftharpoons[\cdot 100]{:100} 1\,\text{a} \xrightleftharpoons[\cdot 100]{:100} 1\,\text{m}^2 \xrightleftharpoons[\cdot 100]{:100} 1\,\text{dm}^2 \xrightleftharpoons[\cdot 100]{:100} 1\,\text{cm}^2 \xrightleftharpoons[\cdot 100]{:100} 1\,\text{mm}^2$$

1 km² = 100 ha; 1 ha =100 a; 1 a = 100 m²; 1 m² =100 dm²; 1 dm² = 100 cm²; 1 cm² =100 mm²

Will man von einer kleineren in die nächstgrößere Flächen-Einheit umrechnen, so muss man die Maßzahl durch 100 dividieren; will man von einer größeren in die nächstkleinere Flächen-Einheit umrechnen, so muss man die Maßzahl mit 100 multiplizieren.

4. Rechne in die nächstkleinere Einheit um:

a) 1200 cm² = ...

87 a = ...

356 a = ...

b) 34 cm² = ...

122 ha = ...

54 cm² = ...

c) 5 ha = ...

853 km² = ...

39 dm² = ...

5. Rechne in die nächstgrößere Einheit um:

a) 2 300 cm² = ...

1 000 dm² = ...

6 900 ha = ...

b) 7 600 mm² = ...

4 900 m² = ...

57 000 m² = ...

c) 2 900 a = ...

1 300 ha = ...

12 000 a = ...

6. Weise mithilfe einer Zeichnung nach, dass in eine Fläche von 1 dm² 100 Quadrate mit dem Flächeninhalt von 1 cm² passen.

7. In welcher Einheit würdest du die Größe der folgenden Flächen angeben?

a) Fläche deines Heimatortes: ....

b) Briefmarke: ....

c) Bildschirm eines Computers: ....

d) Notizblock: ....

e) Tischplatte: ....

f) Fußballfeld: ....

Information

Maßzahlen können auch in der **Kommaschreibweise** angegeben werden.
Am einfachsten kann man sie mithilfe einer **Einheitentabelle** ablesen.

km²		ha		a		m²		dm²		cm²		mm²		
Z	E	Z	E	Z	E	Z	E	Z	E	Z	E	Z	E	Hier kann man ablesen:
						5	3	4						5 m² 34 dm² = 5,34 m² = 534 dm²
				2	4	0	6							24 a 6 m² = 24,06 a = 2 406 m²
	5	0	0	8	7									5 km² 87 a = 5,0087 km² = 50 087 a
								3	0	0	5	6		3 dm² 56 mm² = 3,0056 dm² = 30 056 mm²

8. Wandle in die angegebene Einheit um.

a) 237 mm² = ... cm²   **b)** 280 ha = ... a   **c)** 453 dm² = ... m²

56,40 dm² = ... m²   45,6 m² = ... cm²   564,1 ha = ... a

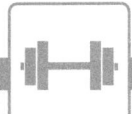

9. a) Runde auf volle m².

(1) $4543\,dm^2 \approx$ .... (2) $6555\,dm^2 \approx$ .... (3) $6377\,cm^2 \approx$ ....

b) Runde auf volle ha.

(1) $760\,a \approx$ .... (2) $6\,467\,780\,m^2 \approx$ .... (3) $6550\,m^2 \approx$ ....

10. Bei einer Flurbereinigung wird landwirtschaftlicher Grundbesitz neu geordnet.
Dabei sollen folgende Flächen zusammengelegt werden.

a) $5\,ha$ und $300\,m^2$ **b)** $600\,m^2$, $34\,a$ und $50\,m^2$ **c)** $2\,a$, $45\,m^2$, $76\,m^2$ und $1\,ha$

Bestimme den Inhalt der Gesamtflächen.

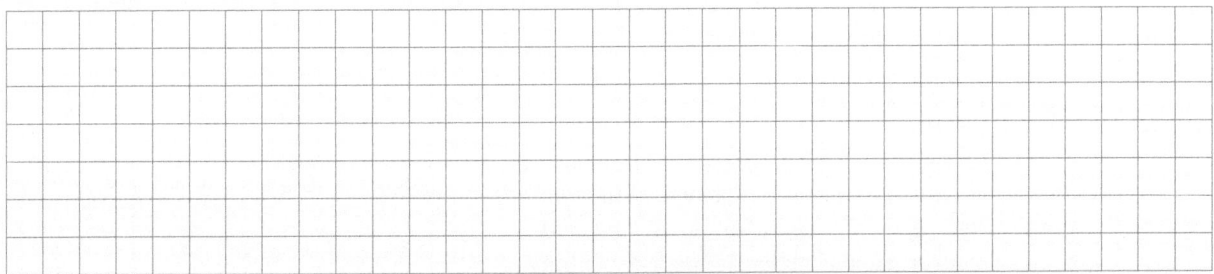

11. Familie Fuchs hat ein Grundstück mit $1000\,m^2$ gekauft. Die Hälfte dieser Fläche soll eine Rasenfläche zum Spielen werden. Für $1\,m^2$ Fläche benötigt man ca. $20\,g$ Samen.

a) Wie viel kg Samen muss die Familie kaufen?

b) Wie viel muss die Familie bezahlen, wenn $100\,g$ Samen $2,00\,€$ kosten?

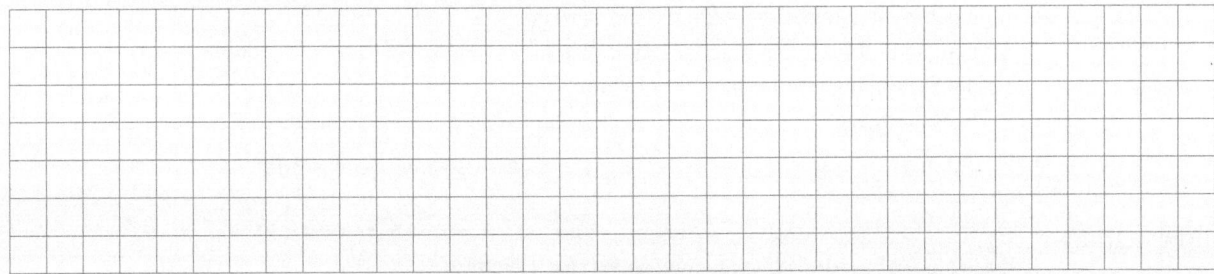

12. Auf einem $45\,ha$ großen Grundstück befinden sich ein $87\,a$ großer See und ein $500\,a$ großer Wald. Der Rest des Grundstücks darf bebaut werden. Welche Fläche steht dafür zur Verfügung?

Information

Hier kommt das Distributivgesetz zur Anwendung.

Für den **Flächeninhalt eines Rechtecks** mit den Seitenlängen a und b gilt:

$A = a \cdot b$ (Länge mal Breite)

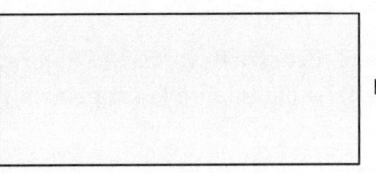

$A = a \cdot b = 5\,cm \cdot 2\,cm = 10\,cm^2$

Für den **Umfang eines Rechtecks** mit den Seitenlängen a und b gilt:

$u = 2 \cdot a + 2 \cdot b = 2 \cdot (a + b)$

$u = 2 \cdot (a + b) = 2 \cdot (5\,cm + 2\,cm) = 14\,cm$

Information

Rechnen mit Flächeninhalten

- *Addieren und Subtrahieren:*
  Die Maßeinheit bleibt erhalten.

  Beispiele:
  $12\,m^2 + 34\,m^2 = 46\,m^2$
  $500\,a - 43\,a = 457\,a$

- *Vervielfachen:*
  Die Maßeinheit bleibt erhalten.

  $25\,a \cdot 3 = 75\,a$

- *Dividieren:*
  Dividiert man zwei Flächeninhalte, erhält man als Ergebnis nur eine Zahl. Sie gibt die Anzahl dieser gleich großen Flächen an.

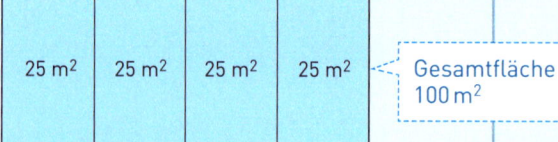

Gesamtfläche 100 m²

$100\,m^2 : 25\,m^2 = 4$

Zerlegt man eine vorgegebene Fläche in eine bestimmte Anzahl Teilflächen, so dividiert man einen Flächeninhalt durch eine Zahl und erhält als Ergebnis einen Flächeninhalt.

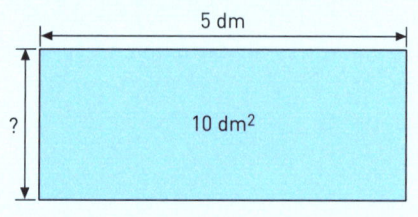

Gesamtfläche 45 ha

$45\,ha : 9 = 5\,ha$

Hat man einen Flächeninhalt und eine Seitenlänge eines Rechtecks gegeben und möchte die Länge der zweiten Seite berechnen, so teilt man den Flächeninhalt durch die Seitenlänge und erhält als Ergebnis eine Seitenlänge.

5 dm
?   10 dm²

$10\,dm^2 : 5\,dm = 2\,dm$

Information

Berechnen des **Inhalts zusammengesetzter Flächen**

1. Möglichkeit: Zerlegen
Man zerlegt die Gesamtfläche so in geeignete Teilflächen, dass Rechtecke entstehen und addiert deren Flächeninhalte.

2. Möglichkeit: Ergänzen
Man ergänzt die Figur so, dass ein Rechteck entsteht und subtrahiert vom Flächeninhalt dieses Rechtecks die hinzugefügten Teilflächeninhalte.

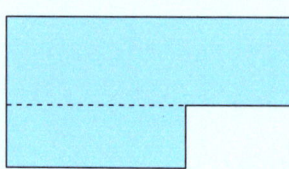

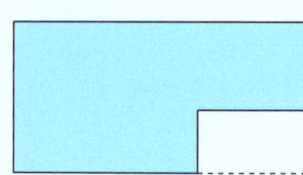

13. Im Fotogeschäft werden 3 Bildformate angegeben: 9 × 13, 10 × 15 und 13 × 18 (alle Angaben in cm).
Zeichne die Bildgrößen in deinem Heft und berechne den jeweiligen Flächeninhalt.

14. Drei Familien wollen eine 36 a große Wiesenfläche gerecht teilen.
Wie groß ist die Fläche, die jede Familie erhält? Rechne im Heft.

15. Auf eine Fläche mit einem Inhalt von 90 m² sollen gleich große Garagen gebaut werden.
Wie groß kann eine Garage höchstens sein, wenn 9 Garagen gebaut werden sollen? Rechne im Heft.

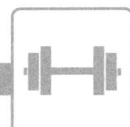
16. Zeichne ein Rechteck mit dem Flächeninhalt 18 cm² und dem Umfang 18 cm.
Gib den Umfang eines weiteren Rechtecks mit demselben Flächeninhalt an.

17. Sandra möchte ein Rechteck mit einem Flächeninhalt von 40 cm² zeichnen.
Eine Seite soll 8 cm lang sein, wie lang ist die zweite Seite?

....

18. Ein Schlafzimmer soll mit Teppichboden ausgelegt werden.
Wie viel m² müssen bestellt werden?

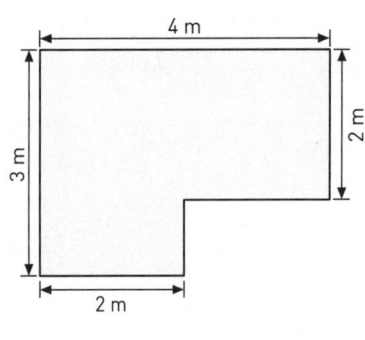

19. Ein Rechteck ist 4 m breit und 9 m lang.
Wie lang ist ein 3 m breites Rechteck mit demselben Flächeninhalt?
Gibt es auch ein flächeninhaltsgleiches Quadrat? Bestimme seine Seitenlänge.

20. Ein Rechteck hat die Seitenlängen a = 6 cm und b = 5 cm.
Verlängert man eine Seite, hat das neue Rechteck einen Flächeninhalt von
a) 42 cm²;   **b)** 40 cm².
Gib jeweils an, um wie viel cm die Seite verlängert wurde. Verwende nur ganze cm als Lösung.

Volumen von Körpern – Volumenvergleich

Information

Unter dem **Volumen** eines Körpers versteht man die Größe des Raumes, die der Körper einnimmt.
Körper, die man in dieselben Teilkörper zerlegen kann, haben dasselbe Volumen.

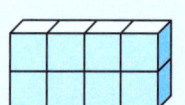 

Information

Einheiten des Volumens
Ein Würfel mit der Kantenlänge 1 m hat das Volumen **1 m³** (sprich: Kubikmeter).
Ein Würfel mit der Kantenlänge 1 cm hat das Volumen 1 cm³.
Ein Würfel mit der Kantenlänge 1 dm hat ein Volumen von 1 dm³, ...
Das Volumen von Flüssigkeiten wird in der Regel in Litern und nicht in dm³ angegeben.

Umrechnen von Volumeneinheiten
In einen Würfel mit 1 cm Kantenlänge, also einem Volumen von 1 cm³, passen 1 000 Würfel mit einer Kantenlänge von 1 mm, also einem Volumen von 1 mm³.

Besser vorstellen kannst du dir einen Würfel mit 1 dm Kantenlänge. Er hat ein Volumen von 1 dm³. In ihn passen 1 000 Würfel mit einer Kantenlänge von 1 cm, also einem Volumen von 1 cm³.

Volumeneinheiten lassen sich nach folgendem Schema ineinander umrechnen:

$$1\,\text{m}^3 \xrightleftharpoons[\cdot\,1\,000]{:\,1\,000} 1\,\text{dm}^3 \xrightleftharpoons[\cdot\,1\,000]{:\,1\,000} 1\,\text{cm}^3 \xrightleftharpoons[\cdot\,1\,000]{:\,1\,000} 1\,\text{mm}^3$$

$1\,\text{m}^3 = 1\,000\,\text{dm}^3$; $1\,\text{dm}^3 = 1\,000\,\text{cm}^3$; $1\,\text{cm}^3 = 1\,000\,\text{mm}^3$

Außerdem gelten folgende Umrechnungen:
$1\,\text{dm}^3 = 1\,\ell$; $1\,\text{cm}^3 = 1\,\text{m}\ell$; $1\,\text{dm}^3 = 1\,000\,\text{m}\ell$;
$1\,\text{m}^3 = 1\,000\,\ell$; $1\,\text{h}\ell = 100\,\ell$

Auch Volumeneinheiten lassen sich in der **Kommaschreibweise** angeben:

> Merke: Man kann sich die Maßeinheiten als Potenz vorstellen. Die Umrechnungszahl zur benachbarten Einheit hat immer so viele Nullen, wie die Hochzahl der Einheit angibt. Bei Längeneinheiten ist die Umrechnungszahl also 10, bei Flächeneinheiten 100 und bei Volumeneinheiten 1000. Ausnahme: Die Umrechnungszahl zwischen m³ und km³ ist 100 000 000, weil 1 km = 1000 m.

m³			dm³			cm³			mm³		
H	Z	E	H	Z	E	H	Z	E	H	Z	E
	1	0	0	0	5						
		0	0	1	4						
						2	0	0	6		
					0	0	0	9			

Hier kann man ablesen:
$10\,\text{m}^3\ 5\,\text{dm}^3 = 10{,}005\,\text{m}^3 = 10\,005\,\text{dm}^3$
$14\,\text{dm}^3 = 0{,}014\,\text{m}^3$
$2\,\text{cm}^3\ 6\,\text{mm}^3 = 2{,}006\,\text{cm}^3 = 2\,006\,\text{mm}^3$
$9\,\text{cm}^3 = 0{,}009\,\text{dm}^3$

21. Rechne in die nächstkleinere Einheit um:

a) $12\,\text{cm}^3 =$ ....

$7{,}76\,\text{m}^3 =$ ....

b) $256\,\text{cm}^3 =$ ....

$90{,}65\,\text{cm}^3 =$ ....

c) $500\,\text{m}^3 =$ ....

$230\,\text{h}\ell =$ ....

22. Rechne in die nächstgrößere Einheit um.

a) $20\,000\,\text{ml} =$ ....

$8\,900\,\text{dm}^3 =$ ....

b) $5\,437\,\text{cm}^3 =$ ....

$26\,500\,\text{cm}^3 =$ ....

c) $78\,000\,\text{mm}^3 =$ ....

$850\,000\,\text{dm}^3 =$ ....

Information

Für das **Volumen eines Quaders** mit den Kantenlängen a, b und c gilt:

$V = a \cdot b \cdot c$

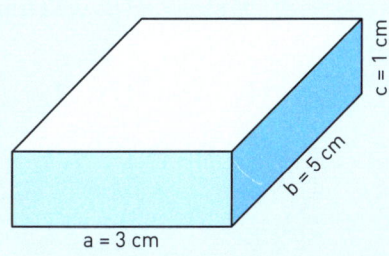

Beispiel:

$V = a \cdot b \cdot c$
$\quad = 3\,\text{cm} \cdot 5\,\text{cm} \cdot 1\,\text{cm} = 15\,\text{cm}^3$

Zur Berechnung des **Oberflächeninhalts eines Quaders** addiert man die Flächeninhalte aller Flächen, die das Quadernetz bilden.

$O = 2 \cdot a \cdot b + 2 \cdot b \cdot c + 2 \cdot a \cdot c$
$O = 2 \cdot (a \cdot b + a \cdot c + b \cdot c)$ ⟵ Distributivgesetz

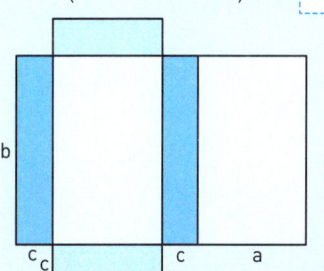

Beispiel:

$O = 2 \cdot a \cdot b + 2 \cdot a \cdot c + 2 \cdot b \cdot c$
$\quad = 2 \cdot 3\,\text{cm} \cdot 5\,\text{cm} + 2 \cdot 3\,\text{cm} \cdot 1\,\text{cm} + 2 \cdot 5\,\text{cm} \cdot 1\,\text{cm}$
$\quad = 30\,\text{cm}^2 + 6\,\text{cm}^2 + 10\,\text{cm}^2 = 46\,\text{cm}^2$

oder:

$O = 2 \cdot (a \cdot b + a \cdot c + b \cdot c)$
$\quad = 2 \cdot (3\,\text{cm} \cdot 5\,\text{cm} + 3\,\text{cm} \cdot 1\,\text{cm} + 5\,\text{cm} \cdot 1\,\text{cm})$
$\quad = 2 \cdot 23\,\text{cm}^2 = 46\,\text{cm}^2$

23. Berechne das Volumen und den Oberflächeninhalt des Quaders mit folgenden Seitenlängen:

a) $a = 5\,\text{cm}$; $\quad b = 3\,\text{cm}$; $\quad c = 8\,\text{cm}$

b) $a = 1\,\text{dm}$; $\quad b = 7\,\text{cm}$; $\quad c = 7\,\text{cm}$

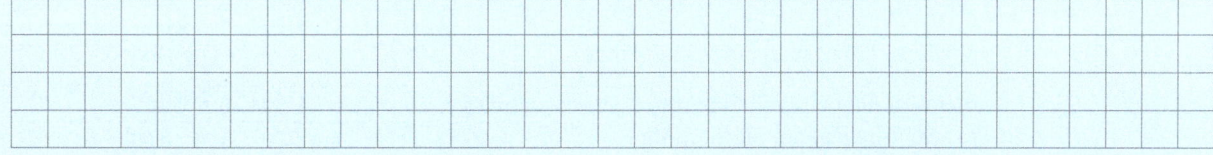

24. In einer Wasseraufbereitungsanlage ist ein quaderförmiges, oben offenes Becken, das 50 m breit, 12 m lang und 5 m tief ist.

a) Wie viel Liter Wasser fasst das Becken?

b) Das Becken soll mit einer Spezialfarbe versiegelt werden. Wie viel m² sind zu streichen?

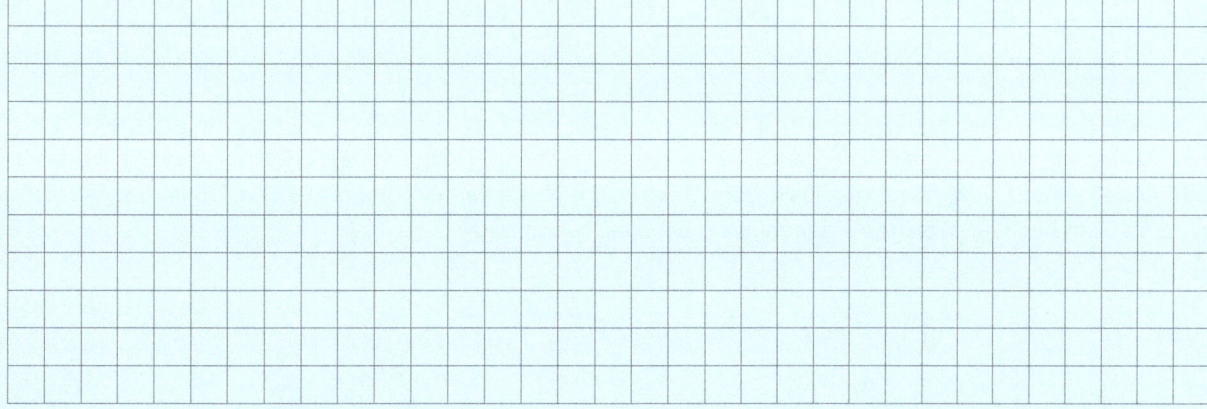

25. Wie verändert sich das Volumen eines Quaders, wenn man alle Seitenlängen verdoppelt? Nutze ein Beispiel.

26. Ein quaderförmiger Sockel wird aus 560 ℓ Beton hergestellt. Berechne die Höhe des Sockels, wenn bekannt ist, dass dieser 70 cm breit und 80 cm lang ist.

Information

Rechnen mit Volumina

Beispiele:

- *Addieren und Subtrahieren:*
  Addiert und subtrahiert man Volumina, so ist das Ergebnis auch wieder ein Volumen, die Einheit bleibt also erhalten.

$12\,cm^3 + 34\,cm^3 = 46\,cm^3$
$19\,m^3 - 6\,m^3 = 13\,m^3$

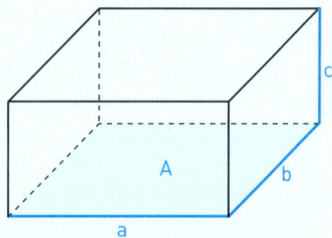

- *Dividieren:*
  Dividiert man das Volumen durch einen Flächeninhalt, so erhält man eine Seitenlänge.

$V = 24\,cm^3, \ A = 8\,cm^2$
$c = V : A = 24\,cm^3 : 8\,cm^2 = 3\,cm$

  Dividiert man ein Volumen durch eine Seitenlänge, so erhält man einen Flächeninhalt.

$V = 24\,cm^3, \ c = 3\,cm$
$A = V : c = 24\,cm^3 : 3\,cm = 8\,cm^2$

  Dividiert man ein Volumen durch eine Zahl, erhält man wieder ein Volumen.

$V = 24\,cm^3$
$24\,cm^3 : 12 = 2\,cm^3$

27. Ein Quader hat ein Volumen von 35 ℓ. Der Inhalt seiner Grundfläche beträgt 700 cm². Bestimme seine Höhe.

28. Leons kleiner Bruder baut mit 20 Holzbausteinen, die jeweils ein Volumen von 8 cm³ haben, einen Turm, der 40 cm hoch ist. Welchen Flächeninhalt hat die Grundfläche?

29. Bauer Will kauft Heuballen, die 80 cm lang, 50 cm breit und 50 cm hoch sind. Jeder Ballen wiegt 20 kg.

a) Welchen Raum nimmt jeder Ballen ein?

b) Wie viele Ballen kann Herr Will mit einer Fahrt transportieren, wenn sein Anhänger mit maximal 2 t beladen werden darf?

Information

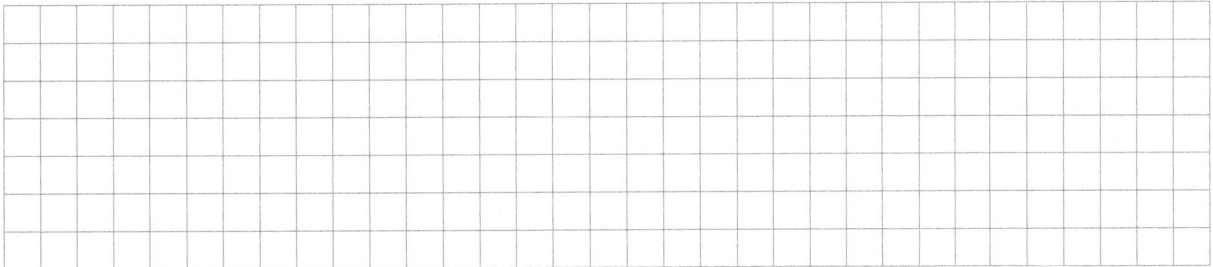

Berechnen des **Volumens zusammengesetzter Körper**

1. Möglichkeit: Zerlegen

Man zerlegt den Körper in Teilquader, berechnet die Volumina und addiert diese. Denke dir dazu den Körper aus verschiedenen Quadern zusammengesetzt.

2. Möglichkeit Ergänzen

Man ergänzt den Körper so, dass ein Quader entsteht, berechnet das Volumen des Gesamtkörpers und subtrahiert davon das Volumen des ergänzten Körpers.

30. Die Firma König will einen Lagerraum mit der abgebildeten Grundfläche bauen. Er soll 4 m hoch sein. Berechne das Volumen.

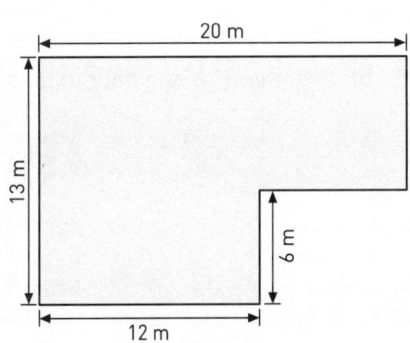

31. Berechne das Volumen der folgenden zusammengesetzten Körper:

a)

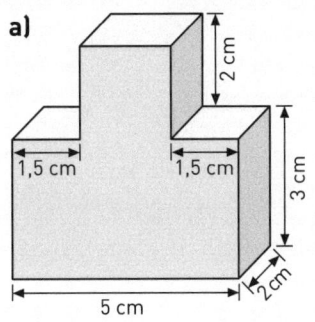

b)

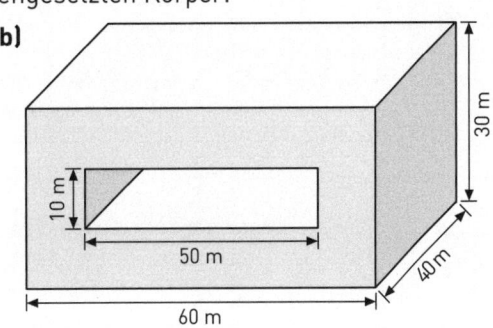

Beginn: .... Ende: ....

Klassenarbeit 4.1

Themen: Flächeninhalt und Volumen berechnen, Einheiten umwandeln, Quadernetz zeichnen (Wdh.)

1. Bestimme den Flächeninhalt der gezeichneten Fläche.
Berechne auch den Umfang.
(Ein Kästchen ist 0,5 cm lang.)

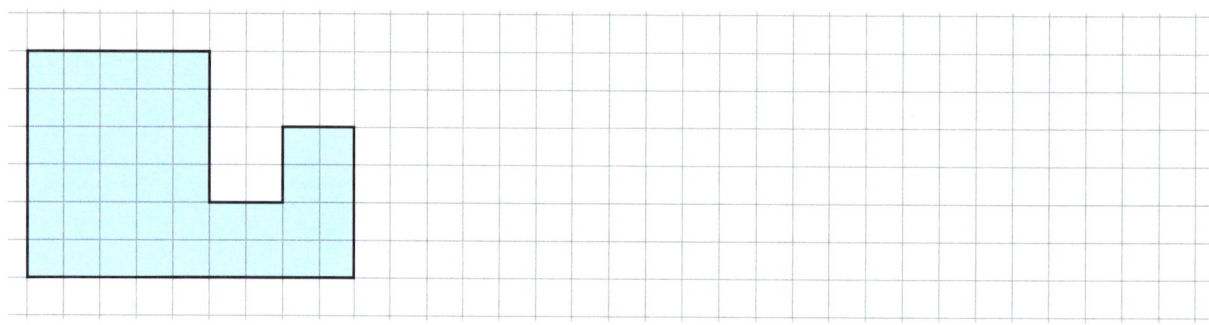

3

2. Gib in der angegebenen Einheit an.

a) $5\,600\,m^2$ = ... a; $5\,400\,ha$ = ... km^2; $45\,ha$ = ... a

b) $760\,cm^2$ = ... dm^2; $4\,000\,dm^2$ = ... m^2; $43\,cm^2$ = ...mm^2

9

c) $15\,dm^2\,12\,cm^2$ = ...cm^2; $5\,a\,12\,m^2$ = ... m^2; $56\,cm^2\,4\,mm^2$ = ... mm^2

3. Ein Rechteck hat einen Flächeninhalt von $81\,cm^2$.

a) Nenne zwei Möglichkeiten, welche Längen die Rechteckseiten haben können.

b) Welchen Umfang hat ein Quadrat mit demselben Flächeninhalt?

4

4. Berechne das Volumen des dargestellten Körpers.

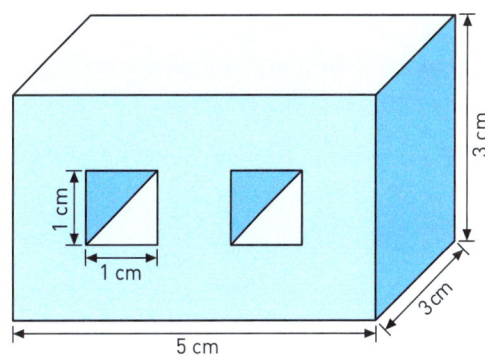

4

5. Ein Quader ist 4 cm lang, 35 mm breit und 2 cm hoch.

   a) Zeichne ein Netz dieses Quaders.

   b) Berechne den Oberflächeninhalt und gib ihn in cm^2 und mm^2 an.

   c) Welches Volumen hat der Quader?

10

30 – 23 Punkte	22 – 15 Punkte	14 – 0 Punkte
☺	☺	☹

Gesamtpunktzahl **30**

45 min

Beginn: .... Ende: ....

Klassenarbeit 4.2

Themen: Volumen, Volumen- und Flächeneinheiten, Rechteckflächen, Würfelnetze (Wdh.)

1. Bestimme das Volumen des Körpers, wenn die Kantenlänge eines Würfels 1 cm beträgt.

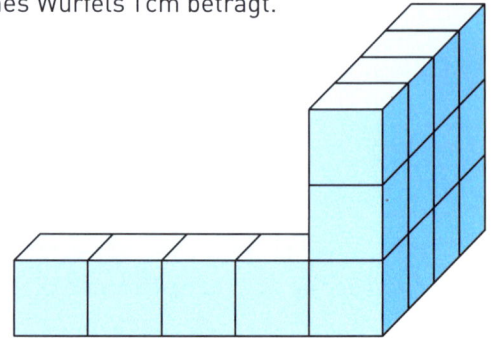

2

2. Welches Volumen hat der Körper in Aufgabe 1, wenn jeder Würfel eine Kantenlänge von 2 cm hat?

3

3. Rechne mithilfe der Einheitentabelle den links angegebenen Flächeninhalt in die in der rechten Spalte angegebene Einheit um. Notiere dazu die Zwischenschritte in der Tabelle.

	km²	ha	a	m²	dm²	cm²	mm²	Ergebnis
56,01 m²								ha
467 dm²								m²
3,01 ha								m²
54 300 a								ha
8,24 m²								cm²

5

4. Gib jeweils eine geeignete Einheit für den Flächeninhalt an.

Fläche	Einheit
Briefmarke	
Nordrhein-Westfalen	
Sportplatz	
Arbeitsblatt	

4

5. Zeichne ein Rechteck, das den Flächeninhalt 12 cm² und den Umfang 16 cm besitzt.

4

6. a) Welche Netze sind Würfelnetze? Kreuze sie an!

(1) ☐ (2) ☐ (3) ☐ (4) ☐

b) Die Summe gegenüberliegender Augenzahlen bei einem Spielwürfel beträgt immer 7.
Trage in die Würfelnetze die Augenzahlen 1 bis 6 so ein, dass ein „echter" Spielwürfel entsteht.
Beginne dabei mit der 1 und trage sie in das oberste bzw. linke obere Feld ein.

6

24 – 19 Punkte	18 – 13 Punkte	12 – 0 Punkte
☺	😐	☹

Gesamtpunktzahl 24

45 min

Beginn: .... Ende: ....

Klassenarbeit 4.3

Themen: Flächeninhalts- und Volumeneinheiten, Rechnen mit Flächen, Quadervolumen,
Geraden und Koordinatensystem (Wdh.)

1. Ordne der Größe nach.

   a) $2\,000\,cm^3$; $4\,dm^3$; $1\,800\,cm^3$; $2,8\,\ell$; $1\,m^3$

   .... < .... < .... < .... < ....

   b) $15\,m^3$; $5\,400\,\ell$; $200\,000\,cm^3$; $13\,dm^3$; $6\,000\,\ell$

   .... < .... < .... < .... < ....

   c) $2\,300\,mm^2$; $25\,cm^2$; $0,34\,cm^2$; $1\,a$; $1\,dm^2$

3

   .... < .... < .... < .... < ....

2. Welche Maße kann ein Quader haben, wenn sein Volumen $24\,dm^3$ beträgt?
Nenne drei Beispiele und begründe durch eine Rechnung.

3

3. Ein rechteckiger Garten hat die Länge 60 m und die Breite 26 m
In der Mitte soll ein 2 m breiter Weg angelegt werden
(siehe Skizze, nicht maßstabsgetreu).

   a) Berechne den Flächeninhalt des gesamten Gartengrundstücks.

   b) Wie viel ist für die Anlage des Weges zu zahlen, wenn $1\,m^2$
85,00 € kosten soll?

   c) Der Garten soll außen herum eingezäunt werden.
Berechne die Kosten dafür, wenn eine Firma für Zaun und
Montage 50,00 € pro Meter berechnet.

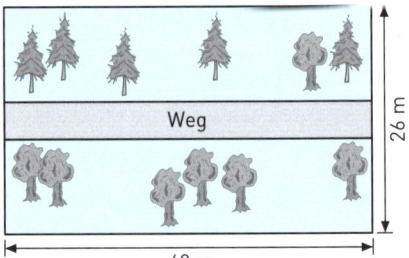
Weg · 26 m · 60 m

8

4. Annikas Aquarium ist 80 cm lang, 50 cm breit und 60 cm hoch.
Es darf bis höchstens 10 cm unter den Rand mit Wasser gefüllt werden.

a) Wie oft muss Annika mit einem 10-Liter-Eimer laufen, bis das Aquarium voll ist?

b) Annika verteilt einen 4-Liter-Beutel Sand gleichmäßig auf dem Boden des Aquariums.
Wie hoch ist die Sandschicht?

6

5. Zeichne die Gerade g = AB mit A(2|4) und B(5|4) sowie die Gerade h = CD mit C(3|1) und D(5|3) in das Koordinatensystem.

a) Gib die Koordinaten des Schnittpunktes S an, in dem sich die beiden Geraden schneiden.

S(|)

b) In welchem Punkt P schneidet die Gerade h die Rechtsachse? P(|)

c) Beschreibe den Verlauf der Geraden g in Worten.

....

....

5

25–19 Punkte	18,5–12,5 Punkte	12–0 Punkte
☺	😐	☹

Gesamtpunktzahl 25

45 min

Beginn: ....   Ende: ....

Klassenarbeit 4.4

Themen: Flächeninhalts- und Volumeneinheiten, Rechnen mit Flächen, Quadervolumen

1. Gib in zwei Einheiten an und verwandle dann in die kleinere der beiden Maßeinheiten.

Beispiel: $5{,}87\,cm^2 =$ _5 cm² 87 mm² = 587 mm²_ ....

6

a) $6{,}512\,kg =$ ....

$5{,}98\,ha =$ ....

$98{,}1\,dm^2 =$ ....

b) $5{,}983\,dm^3 =$ ....

$56{,}009\,m^3 =$ ....

$67{,}98\,\ell =$ ....

2. Rechne in die nächstkleinere Einheit um.

6

a) $12{,}09\,m^3 =$ ....; $45\,dm^3 =$ ....; $67\,\ell =$ ....

b) $450\,cm^2 =$ ....; $6\,700\,m^2 =$ ....; $98{,}23\,ha =$ ....

3. Das skizzierte Ackergrundstück soll gegen ein 92 m langes rechteckiges Grundstück mit gleichem Flächeninhalt getauscht werden. Wie breit ist es? Rechne auf einem extra Blatt.

5

Antwort: ....

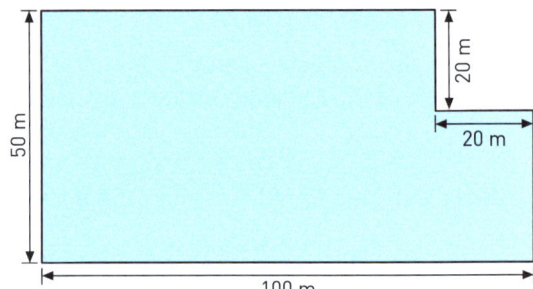

4. Für Bauarbeiten einer Tiefgarage werden L-Steine aus Beton verwendet. Wie schwer ist ein solcher Stein, wenn Beton 2,2 kg pro dm^3 wiegt? Rechne auf einem extra Blatt.

5

Antwort: ....

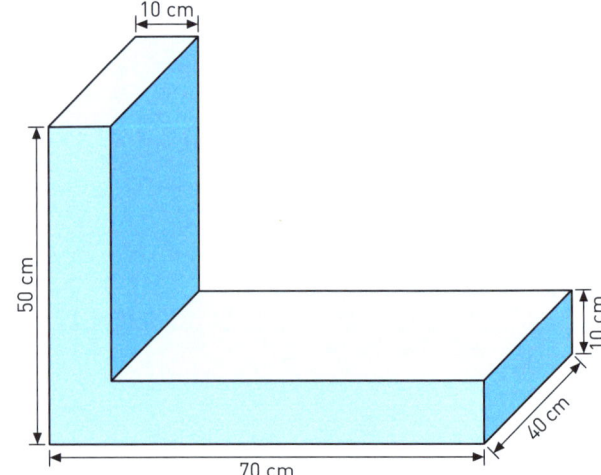

5. Mika hat ein Aquarium mit $250\,\ell$ Inhalt und möchte nun ein größeres. Emil bietet ihm einen Tausch an. Seins hat die Maße 80 cm, 50 cm und 60 cm. Würdest du Mika zum Tausch raten? Begründe rechnerisch.

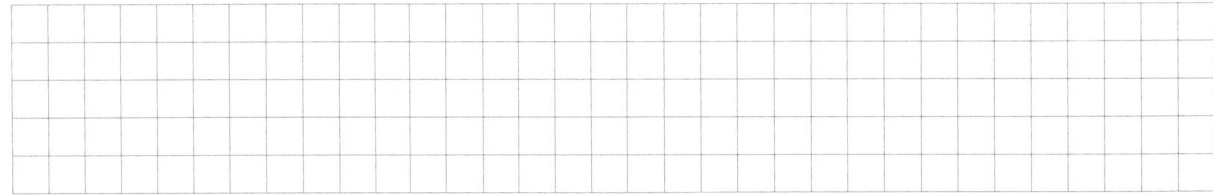

5

27 | **Gesamtpunktzahl**

27 – 20,5 Punkte	20 – 13,5 Punkte	13 – 0 Punkte
☺	☺	☹

Beginn: .... Ende: ....

Klassenarbeit 4.5

Themen: Flächeninhalts-, Volumen- und Längeneinheiten, Flächenberechnung, Volumenberechnung

1. Verwandle in die angegebene Einheit.

a) $45\,cm^2$ = ...mm^2; $911\,h\ell$ = ...ℓ; $65\,000\,m\ell$ = ...dm^3

b) $13\,a$ = ...ha; $55\,000\,ha$ = ...km^2; $7\,600\,cm^2$ = ...dm^2

c) $12\,000\,m$ = ...km; $340\,mm$ = ...cm; $45\,m$ = ...dm

....
9

2. Ein Rechteck ist $4\,cm$ lang und hat einen Flächeninhalt von $28\,cm^2$. Zeichne es.

....
3

3. Ein Schwimmbecken ist $1,80\,m$ hoch, $10\,m$ lang und $4\,m$ breit.

a) Wie viel $h\ell$ Wasser fasst das Becken, wenn es bis zu $80\,cm$ unter dem Rand gefüllt wird?

b) Die Wände und der Boden sollen neu gefliest werden. Wie viel m^2 Fliesen müssen gekauft werden?

....
9

4. Das Volumen des rechts abgebildeten Körpers soll durch Zerlegung bestimmt werden.
Zeichne eine geeignete Zerlegung ein und gib die noch fehlenden Maße der Teilkörper an.
Berechne das Volumen eines Teilkörpers.

....
9

30 – 23 Punkte	22 – 15 Punkte	14 – 0 Punkte
☺	😐	☹

Gesamtpunktzahl

....
30

5. Anteile – Brüche

Zum Aufwärmen: Verstehen und Üben

Einführung der Brüche

Information

Brüche kann man verwenden, wenn man …

- einen **Anteil von einem Ganzen** beschreibt,

> Ein Sechstel einer Pizza

- etwas **aufteilt**,

> Zwei Pizzen werden auf 3 Teller verteilt.

- **Maßzahlen** in Größenangaben benutzt,

$\frac{3}{8}\,l$

- ein **Verhältnis** angibt oder

$2 : 1$

- einen **Quotienen** aufschreibt.

$2 : 7 = \frac{2}{7}$

Ein Bruch besteht aus dem **Zähler**, dem **Bruchstrich** und dem **Nenner**.
- Der **Nenner** gibt an, in **wie viele gleich große Teile** ein Ganzes **aufgeteilt** wird. Der Nenner darf nie null sein.
- Der **Zähler** gibt an, **wie viele** solcher **Teile** gemeint sind.
- Der Bruch gibt den Anteil des Teilstücks am Ganzen an.

$$\frac{2 \text{ — Zähler}}{3 \text{ — Nenner}}$$

Beachte:
Bei der Aufteilung müssen die einzelnen Teile gleich groß sein.

Beispiele:

(1) Beim Bruch $\frac{3}{5}$ gibt der *Nenner* 5 an, dass eine Pizza in 5 gleich große Stücke geteilt wurde.
Der *Zähler* gibt an, dass davon 3 Stücke gemeint sind.

> $\frac{3}{5}$ der Pizza sind noch übrig.

(2) Für ein Rezept benötigt Björn $\frac{3}{8}$ Liter Milch.
Ein Liter besteht aus 1000 Millilitern (1 l = 1000 ml).
Teilt man 1000 ml in 8 Teile (Angabe des Nenners),
so besteht jeder Teil aus 125 ml, da 1000 : 8 = 125.
Für das Rezept werden 3 solche Teile gebraucht,
also 3 · 125 = 375.
Björn muss also 375 ml Milch abmessen.

Bananen-Nuss-Nugat-Milch

$\frac{3}{4}$ einer Banane

$\frac{3}{8}$ Liter Milch

2 TL Nuss-Nugat-Creme
1 Pck. Vanillezucker

(3) Bei einer Perlenkette folgt auf je zwei weiße Perlen eine schwarze Perle. Jede dritte Perle ist also schwarz. Die schwarzen Perlen treten zu den weißen Perlen im *Verhältnis* **1:2** auf.
Ein Drittel der Perlen ist schwarz und **zwei** Drittel der Perlen sind weiß.

Das Verhältnis 1:2 bedeutet, dass $\frac{1}{1+2} = \frac{1}{3}$ der Perlen schwarz sind und $\frac{2}{1+2} = \frac{2}{3}$ der Perlen weiß sind.

(4) Den Quotienten 5:8 kann man nicht mit einer natürlichen Zahl ausdrücken. Hier hilft ein Bruch.

$\frac{5}{8}$ ist der Quotient aus 5 und 8 (das Ergebnis der Divisionsaufgabe 5:8).

1. Ein Ganzes wurde in gleich große Teile zerlegt. Gib den gefärbten Anteil als Bruch an.

a)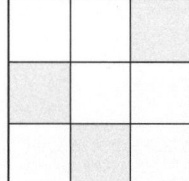

b)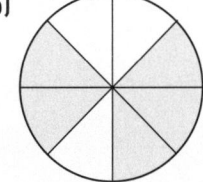

c)

....

2. Sophie hat den gefärbten Teil mit dem Bruch $\frac{3}{7}$ angegeben.
Sie erklärt: Zuerst habe ich gezählt, in wie viele Teile das Ganze zerlegt wurde. Das lieferte mir den Nenner 7. Die Anzahl der gefärbten Teile steht dann im Zähler. Dieser ist also 3.
Was meinst du dazu? Was hat Sophie nicht beachtet?

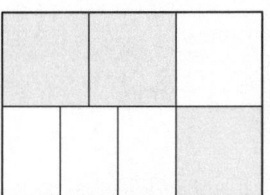

....

....

....

3. Die dargestellte Fläche stellt einen Anteil am Ganzen dar.
Ergänze sie zum Ganzen.

a) 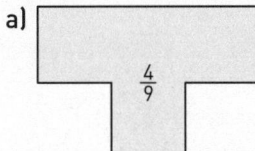 $\frac{4}{9}$

b) 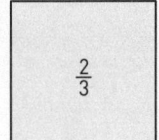 $\frac{2}{3}$

c) 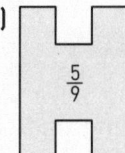 $\frac{5}{9}$

4. Eine Pizza wird in vier gleich große Stücke geteilt.
Als noch Gäste hinzukommen, wird jedes Viertel nochmal gedrittelt.

a) Welchen Anteil an einer ganzen Pizza hat ein Stück jetzt?

....

b) Marie mag heute keine Pizza und gibt ihr Stück Jan.
Welchen Anteil der Pizza hat Jan dann gegessen?

....

5. Peter hat mit seiner Fußballmannschaft im letzten Jahr im Schnitt nur jedes vierte Spiel gewonnen.

a) Gib den Anteil der gewonnenen Spiele als Verhältnis und als Bruch an.

Verhältnis: .... Bruch: ....

b) Berechne, wie viele Spiele er im letzten Jahr gewonnen hat, wenn er mit seiner Mannschaft gegen 16 Gegner in Hin- und Rückspiel antreten musste.

Antwort: ....

6. Wandle die Größe in die angegebene Einheit um.

a) in ml: $\frac{3}{5}$ l = ... $\frac{1}{4}$ l = ... $\frac{5}{8}$ l = ...

b) in g: $\frac{3}{10}$ kg = ... $\frac{3}{8}$ kg = ... $\frac{2}{5}$ kg = ...

c) in min: $\frac{3}{4}$ h = ... $\frac{1}{3}$ h = ... $\frac{5}{6}$ h = ...

> **Zur Erinnerung:**
> 1ℓ = 1000 ml
> 1 kg = 1000 g
> **Beachte:**
> Eine Stunde
> (h für engl. hour)
> hat 60 Minuten.

7. Der angegebene Anteil fehlt jeweils am Ganzen. Ergänze die Figur zum Ganzen.

a) $\frac{2}{3}$ fehlt am Ganzen:

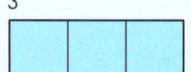

b) $\frac{5}{8}$ fehlt am Ganzen:

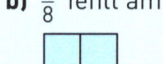

c) $\frac{6}{7}$ fehlt am Ganzen:

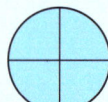

Information

> Wenn bei einem Bruch der Zähler größer als der Nenner oder gleich dem Nenner ist, heißt der Bruch **unechter Bruch**. Im zugehörigen Bild ist dann mehr als ein Ganzes gefärbt.
>
> Solche Brüche kann man auch in der **gemischten Schreibweise** notieren:
>
> Der Bruch $\frac{5}{4}$ lässt sich als $1\frac{1}{4}$ schreiben, denn $\frac{5}{4} = 1 + \frac{1}{4} = 1\frac{1}{4}$.

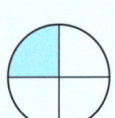

> Bei einem **echten Bruch** ist der Zähler stets kleiner als der Nenner.

8. Gib den Bruch in der gemischten Schreibweise an.

a) $\frac{7}{2}$ = ...   **c)** $\frac{16}{5}$ = ...   **e)** $\frac{27}{5}$ = ...   **g)** $\frac{17}{12}$ = ...   **i)** $\frac{39}{19}$ = ...   **k)** $\frac{100}{9}$ = ...

b) $\frac{10}{3}$ = ...   **d)** $\frac{19}{3}$ = ...   **f)** $\frac{17}{7}$ = ...   **h)** $\frac{33}{5}$ = ...   **j)** $\frac{42}{12}$ = ...   **l)** $\frac{111}{11}$ = ...

9. Wandle aus der gemischten Schreibweise in einen unechten Bruch um.

a) $3\frac{1}{2} =$ ....

c) $2\frac{1}{5} =$ ....

e) $7\frac{2}{5} =$ ....

g) $2\frac{1}{12} =$ ....

i) $1\frac{3}{19} =$ ....

k) $4\frac{8}{9} =$ ....

b) $5\frac{2}{3} =$ ....

d) $4\frac{1}{3} =$ ....

f) $5\frac{1}{7} =$ ....

h) $6\frac{3}{5} =$ ....

j) $4\frac{1}{12} =$ ....

l) $4\frac{6}{11} =$ ....

Brüche als Ergebnis einer Divisionsaufgabe

Information

Den Quotienten von zwei natürlichen Zahlen kann man auch als Bruch schreiben:
$$2:3 = \frac{2}{3}; \quad 3:2 = \frac{3}{2} = 1\frac{1}{2}$$

Auch Quotienten mit dem Divisor 1, wie $3:1$, oder Quotienten mit dem Dividenden 0, wie $0:4$, kann man als Bruch schreiben:
$$3:1 = \frac{3}{1} \quad \text{bzw.} \quad 0:4 = \frac{0}{4}$$

Beachte: Man kann keine Brüche mit dem Nenner 0 bilden, da man nicht durch 0 dividieren kann.

10. Gib folgende Quotienten als Bruch an. Verdeutliche deine Lösung mit einem Bild.

Quotient	Bruch	Bild
$3:4$	$3:4 = \frac{3}{4}$	
$2:5$		
$7:3$		
$9:8$		

11. Jan und Marie haben den Rasen gemäht und dadurch ihr Taschengeld aufgebessert. Sie bekommen von ihrem Vater dafür zusammen 20 €. Da Jan aber ein größeres Rasenstück gemäht hat, sollen sie sich das Geld im Verhältnis 3 : 2 aufteilen. Wie viel Geld erhält jeder?

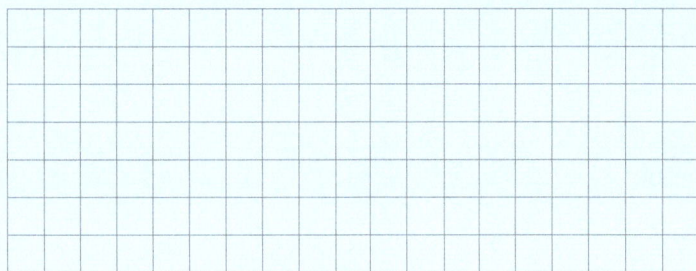

Antwort: ....

12. Stelle die Divisionsaufgabe auf und gib das Ergebnis als Bruch an.

a) Nach dem Freibadbesuch teilen sich fünf Freunde drei große Pizzen.
Wie viel bekommt jeder, wenn fair geteilt wird?

....

b) Bei einer Kissenschlacht in der Jugendherberge ist der Spiegel über dem Waschbecken zu Bruch gegangen. Der Schaden beträgt 183 €. Sechs Jungen beschließen, den Schaden gemeinsam zu tragen, weil ja alle bei der Kissenschlacht dabei waren. Wie viel muss jeder zahlen?

....

c) Beim Schülerwettbewerb hat die Klasse 5 d einen Hauptpreis in Höhe von 150 € gewonnen.
Sie wollen mit dem Geld einen Ausflug in die Eisdiele machen.
Für wie viel Euro darf jeder der 25 Schülerinnen und Schüler dort Eis bestellen?

....

13. Wandle durch Division in eine natürliche Zahl oder in die gemischte Bruchschreibweise um.

a) $\frac{85}{3}$ = ...   **c)** $\frac{160}{6}$ = ...   **e)** $\frac{98}{7}$ = ...   **g)** $\frac{175}{12}$ = ...   **i)** $\frac{400}{12}$ = ...   **k)** $\frac{1234}{9}$ = ...

b) $\frac{100}{4}$ = ...   **d)** $\frac{190}{9}$ = ...   **f)** $\frac{170}{7}$ = ...   **h)** $\frac{330}{5}$ = ...   **j)** $\frac{555}{15}$ = ...   **l)** $\frac{1111}{11}$ = ...

Brüche mit gleichem Wert – Erweitern und Kürzen

Genau wie bei der Pizza in Aufgabe 4 kann man eine *Unterteilung durch weiteres Teilen* noch *verfeinern*.
Man erhält dadurch zwar nicht mehr Pizza, aber mehr Stücke, die nun allerdings kleiner sind. Man nennt das
Verfeinern der Aufteilung **Erweitern des Bruchs.**

Information

Ein Bruch wird **erweitert**, indem man Zähler und Nenner mit der gleichen natürlichen Zahl (ungleich 0 oder 1) multipliziert. Dabei ändert sich der Wert des Bruchs nicht.

Beispiel:
Sabine hat ihren Blechkuchen in drei gleich große Stücke geteilt. Wenn sie die Drittel-Stücke nun halbiert, kann sie den Anteil eines Drittel-Stücks auch mit dem Bruch $\frac{2}{6}$ angeben.

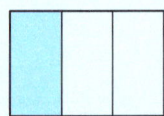

Die Brüche $\frac{1}{3}$ und $\frac{2}{6}$ beschreiben also den gleichen Anteil, d. h. $\frac{1}{3} = \frac{2}{6}$.

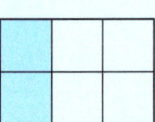

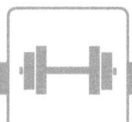

14. Zeichne weitere Unterteilungen für Sabines Blechkuchen ein (siehe Information zum Erweitern).
Gib den gefärbten Anteil jeweils mit einem Bruch an.

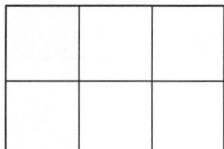 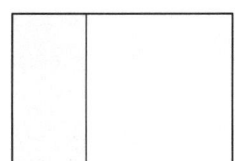 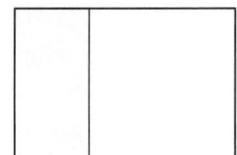

$\frac{1}{3} = \frac{2}{6} =$ .... $=$ .... $=$ ....

15. a) Erweitere die folgenden Brüche.

(1) $\frac{1}{2} = \frac{2}{4} = \frac{2}{2} = \frac{2}{2} =$ ....

(2) $\frac{2}{3} = \frac{3}{3} =$ ....

(3) $\frac{1}{4} = \frac{5}{5} =$ ....

(4) $\frac{4}{7} =$ ....

b) Kannst du einen Bruch so erweitern, dass du jeden beliebigen Nenner erhältst? Begründe!

....

....

Anstatt eine Unterteilung immer weiter zu verfeinern, kann man eine feine *Unterteilung* auch *vergröbern*. Das Vergröbern der Unterteilung nennt man **Kürzen des Bruchs**.

Information

> Ein Bruch wird **gekürzt**, indem man Zähler und Nenner durch die gleiche natürliche Zahl (ungleich 0 oder 1) dividiert.
> Auch beim Kürzen bleibt der Anteil, den der Bruch beschreibt, gleich.
>
> Beispiele: $\frac{8}{24} = \frac{4}{12} = \frac{2}{6} = \frac{1}{3}$; $\frac{18}{30} = \frac{6}{10} = \frac{3}{5}$
>
> Das Kürzen macht das Erweitern eines Bruchs wieder rückgängig: $\frac{3}{8} \xleftarrow[\text{Kürzen}]{\text{Erweitern}} \frac{12}{32}$

16. Erik hat die Brüche $\frac{8}{24}$ und $\frac{18}{30}$ wie im Informationskasten gekürzt:
Er hat aber noch Zahlen unterhalb des Gleichheitszeichens notiert.
Erkläre, was Erik damit verdeutlichen möchte.

$$\frac{8}{24} \underset{2}{=} \frac{4}{12} \underset{2}{=} \frac{2}{6} \underset{2}{=} \frac{1}{3}$$

$$\frac{18}{30} \underset{3}{=} \frac{6}{10} \underset{2}{=} \frac{3}{5}$$

....

....

17. Kürze die folgenden Brüche so weit wie möglich.

a) $\frac{32}{56} =$ ....

c) $\frac{48}{72} =$ ....

b) $\frac{60}{75} =$ ....

d) $\frac{63}{84} =$ ....

18. Jana sucht Brüche mit dem Nenner 30, die man nicht kürzen kann.
Erkläre, wie Jana nach solchen Brüchen suchen soll. Welche Brüche wird Jana dann finden?

....

....

....

Anteile bei beliebigen Größen – Drei Grundaufgaben

Information

Wenn es um Anteile geht, hat man es meist mit einer von drei Grundfragen zu tun: der Frage nach einem Teil, dem Anteil oder dem Ganzen.

Beispiel: Die Klasse 5 d unternahm eine Fahrradtour von insgesamt 20 km.
Nach $\frac{3}{5}$ des Weges machten sie eine kleine Pause, das war nach 12 km.
Von den drei Angaben hätten jeweils zwei gereicht, um die dritte zu bestimmen.
Die drei Fragen lauten:
1. Nach welcher Strecke war die Pause, wenn bereits $\frac{3}{5}$ von 20 km zugelegt wurden?
2. Es wurden bis zur Pause bereits 12 km von 20 km zurückgelegt. Welcher Anteil ist das?
3. Nach 12 km waren bereits $\frac{3}{5}$ des Weges geschafft. Wie lang war die gesamte Fahrradtour?

19. Behdad plant für seine Schulklasse eine Fahrradtour. Insgesamt soll die Tour 30 km lang sein.
Nach $\frac{3}{5}$ der Strecke wollen sie ein Picknick machen.

a) Welche Strecke haben sie bis zum Picknick schon zurückgelegt?

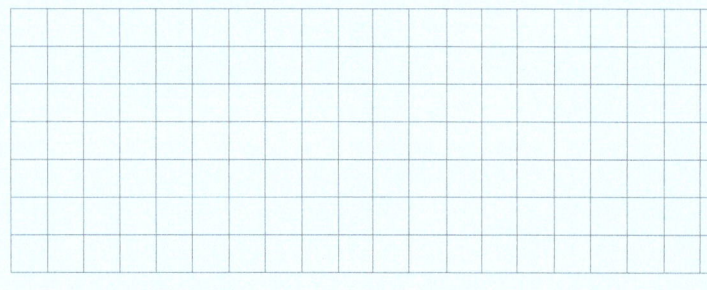

30 km

b) Welcher Anteil der Gesamtstrecke fehlt dann noch bis zum Ziel?

20. Julia spart für ein neues Fahrrad.
Sie hat schon 180 € zusammen, das sind $\frac{3}{5}$ des Kaufpreises.
Was kostet das neue Fahrrad?

> Tipp: Verdeutliche dir die Situation, indem du ein Bild zeichnest, das den angesparten Anteil und den Gesamtpreis verdeutlicht.

Antwort: ....

21. Cindy mischt für ihre Geburtstagsfeier Kirsch-Bananen-Cocktails.
Sie verwendet pro Glas 120 ml Bananensaft und 180 ml Kirschsaft.
a) Gib das Mischungsverhältnis als gekürzten Bruch an.

....

b) Fatima mag die Mischung lieber, wenn sie Kirschsaft und Bananensaft im Verhältnis 1 : 2 mischt.
Welche Mengen muss Fatima für ein 300-ml-Glas verwenden?

....

22. Bei einem Sportfest nehmen auch die drei Freunde Adam, Ben und Chris aus der 5b am 1000 m-Lauf teil.

a) Adam hat seine erste 400-m-Runde geschafft. Welcher Anteil ist das?

b) Ben hat $\frac{7}{10}$ der Strecke geschafft. Wie viel Meter sind es noch bis zum Ziel?

c) Chris befindet sich auf der Zielgeraden – nur noch 100 m sind zu laufen. Welchen Anteil des Weges hat er bereits geschafft?

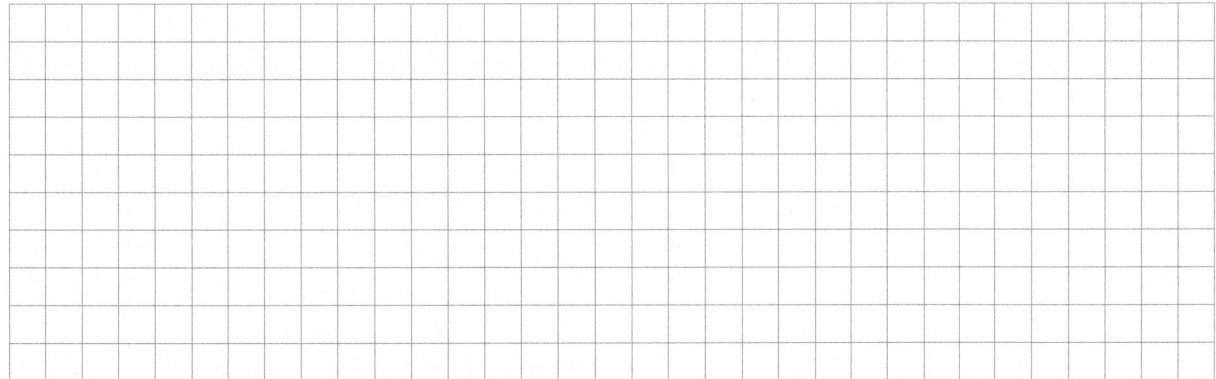

23. Anna, Lena und Max haben in der Zoohandlung Futter für ihre Haustiere gekauft.

a) Anna hat für ihr Kaninchen eine Packung mit 1500 g Trockenfutter gekauft. Welche Menge Futter bleibt übrig, wenn das Kaninchen $\frac{1}{20}$ davon gefressen hat?

b) Lena hat nach 4 Tagen etwa $\frac{1}{10}$ der Körnermischung an ihren Wellensittich verfüttert. Nun sind es noch 360 g. Wie viel hatte sie gekauft?

c) Max hatte 600 g Trockenfutter für seinen Hamster gekauft. Nun sind noch 500 g übrig. Welchen Anteil hat der Hamster bereits gefressen?

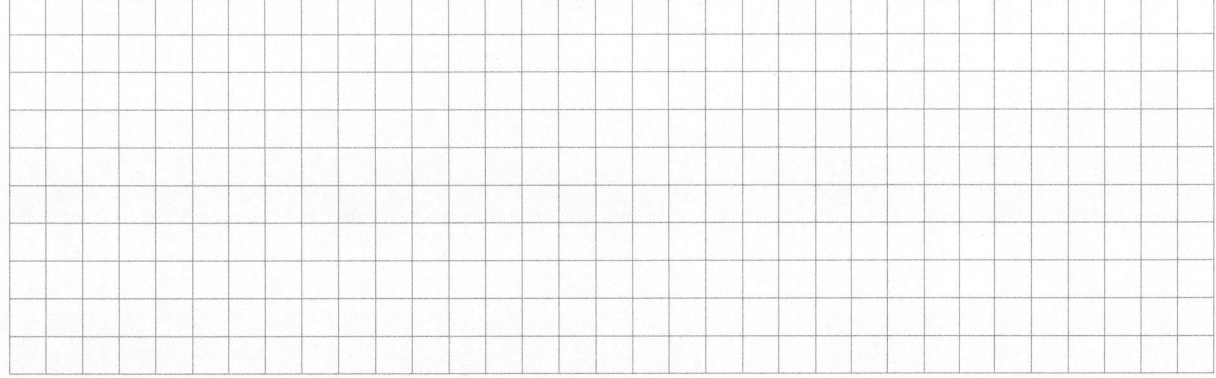

24. Ein Elektronikmarkt gibt auf seine Produkte Preisnachlässe.

a) Ein Fernseher kostete 800 € und wird $\frac{1}{10}$ billiger. Wie viel kostet er jetzt?

b) Ein Smartphone wird von 500 € auf 400 € reduziert. Welchen Anteil spart man?

c) Eine DVD kostet jetzt noch 10 € – das ist $\frac{1}{3}$ weniger. Was kostete die DVD vor dem Preisnachlass?

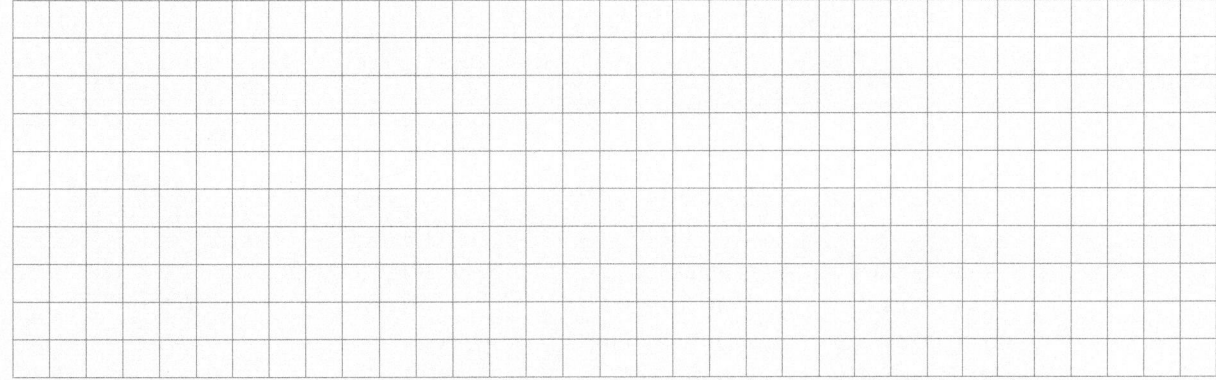

25. Für eine Nachbarin sollen Nina und Lara nachmittags auf den Dackel Waldi aufpassen. Insgesamt ist die Nachbarin von 15.00 Uhr bis 17.30 Uhr unterwegs. Nina hat nur bis 16 Uhr Zeit. Danach wird sie von Lara abgelöst.

a) Welchen Zeitanteil kann Nina auf den Dackel Waldi aufpassen?

b) Welchen Zeitanteil passt Lara auf Waldi auf?

c) Als Belohnung erhalten Nina und Lara 10 € von der Nachbarin. Wie sollten sie sich das Geld aufteilen?

26. Fabian und Hendrik gehen in die Klasse 5 d und fahren immer gemeinsam mit dem Fahrrad nach Hause. Fabians Schulweg ist 1500 m lang und Hendriks Schulweg 2000 m lang.

a) Welchen Anteil am Schulweg hat jeder nach 1000 m zurückgelegt?

b) Welchen Anteil muss Hendrik noch fahren, wenn Fabian zuhause ankommt?

Anteile in Prozent angeben

Information

Man kann Anteile auch in **Prozent** angeben.

1 Prozent bedeutet 1 Hundertstel: $1\% = \frac{1}{100}$

23 Prozent bedeutet 23 Hundertstel: $23\% = \frac{23}{100}$

Bei vielen Alltagssituationen nutzt man Prozentangaben, z. B. bei Umfragen, bei Inhaltsangaben, bei Vergleichen, bei Preisnachlässen oder Preiserhöhungen.

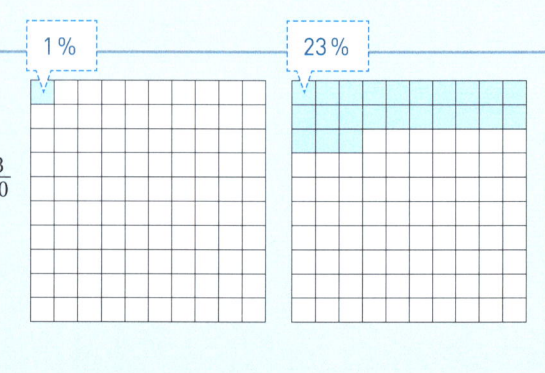

27. Gib den Anteil der blauen Fläche an der gesamten Fläche als Bruch und in Prozent an.

a) Bruch: .... Prozent: ....

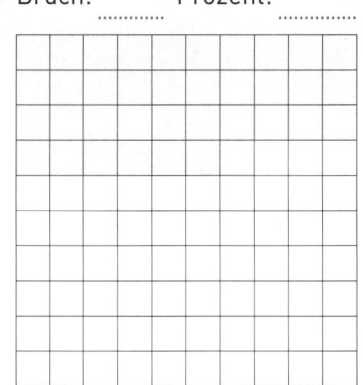

c) Bruch: .... Prozent: ....

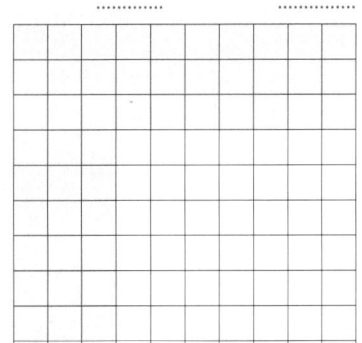

e) Bruch: .... Prozent: ....

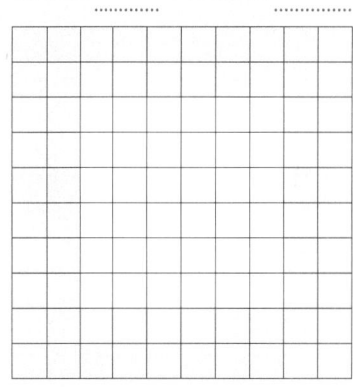

b) Bruch: .... Prozent: ....

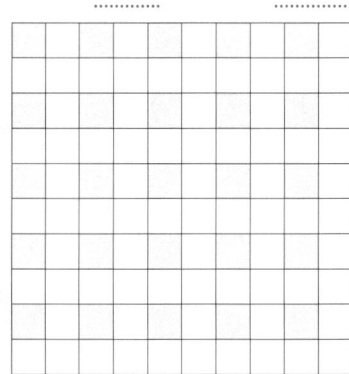

d) Bruch: .... Prozent: ....

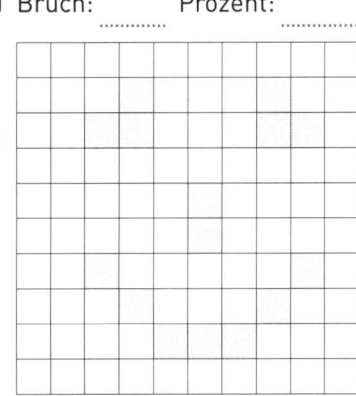

f) Bruch: .... Prozent: ....

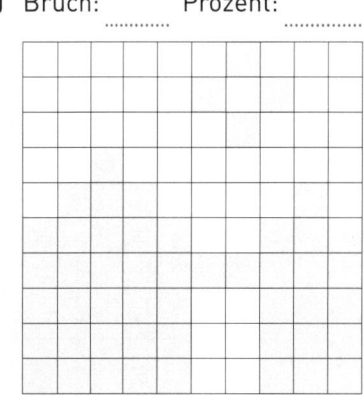

28. Gib den Bruch in der Prozentschreibweise an.
Hinweis: Häufig ist es günstig, den Bruch zunächst so zu erweitern oder zu kürzen, dass im Nenner 100 steht.

Beachte einfache Prozentangaben.

a) $\frac{1}{2}$ = 50 % ....

$\frac{1}{4}$ = ...

$\frac{1}{10}$ = ...

$\frac{1}{20}$ = ...

$\frac{1}{50}$ = ...

b) $\frac{4}{200}$ = ...

$\frac{10}{20}$ = ...

$\frac{23}{50}$ = ...

$\frac{36}{400}$ = ...

$\frac{125}{500}$ = ...

c) $\frac{42}{600}$ = ...

$\frac{230}{1000}$ = ...

$\frac{21}{700}$ = ...

$\frac{40}{80}$ = ...

$\frac{28}{70}$ = ...

d) $\frac{12}{48}$ = ...

$\frac{17}{170}$ = ...

$\frac{15}{60}$ = ...

$\frac{62}{200}$ = ...

$\frac{18}{90}$ = ...

29. Schreibe als Hundertstelbruch. Kürze dann soweit wie möglich.

a) 2 % = ...

5 % = ...

17 % = ...

24 % = ...

36 % = ...

b) 48 % = ...

54 % = ...

119 % = ...

80 % = ...

44 % = ...

c) 200 % = ...

250 % = ...

1 000 % = ...

256 % = ...

144 % = ...

d) 25 % = ...

75 % = ...

125 % = ...

65 % = ...

85 % = ...

45 min

Klassenarbeit 5.1

Themen: Brüche als Anteile, Kürzen und Erweitern, Brüche grafisch darstellen, Flächeninhalte (Wdh.)

1. Bestimme die farbigen Anteile.

a) .... c) .... d) .... f) ....

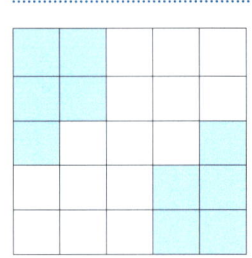 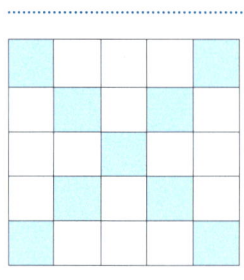 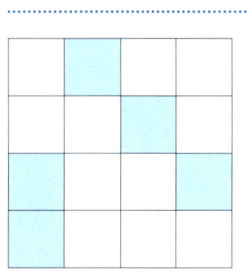 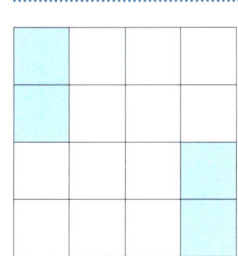

b) .... e) ....

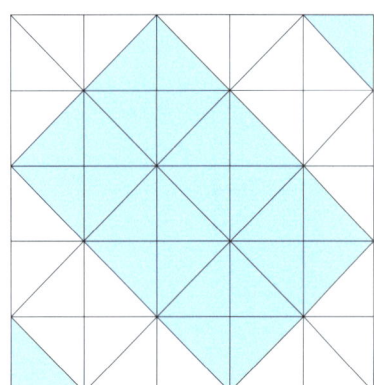 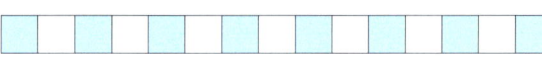

6

2. a) Stelle den Bruch $\frac{6}{9}$ durch Färben des entsprechenden Anteils im Quadrat dar.

b) Wandle den Bruch $\frac{6}{9}$ durch Erweitern und Kürzen in einen Bruch mit dem Nenner 12 um.

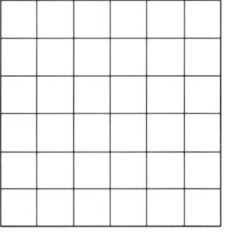

4

$$\frac{6}{9} = \underline{\quad\quad} = \underline{\quad\quad}$$

3. a) Wandle in die gemischte Schreibweise um.

(1) $\frac{11}{3}$ = ... (2) $\frac{61}{5}$ = ... (3) $\frac{82}{11}$ = ...

b) Wandle in einen unechten Bruch um.

6

(1) $3\frac{1}{7}$ = ... (2) $7\frac{1}{7}$ = ... (3) $6\frac{7}{13}$ = ...

4. In der Schule werden in jedem Jahr alle Fahrräder auf ihre Verkehrssicherheit getestet.
Von den 240 Fahrrädern sind in diesem Jahr 48 Fahrräder nicht verkehrssicher.

a) Gib den Anteil der nicht verkehrssicheren Fahrräder als gekürzten Bruch und in der Prozentschreibweise an.

gekürzter Bruch: _____   Prozentschreibweise: _____

b) Im letzten Jahr wurden ebenfalls 240 Fahrräder kontrolliert. Davon waren 70 % verkehrssicher.
Berechne, wie viele Fahrräder im letzten Jahr nach der Kontrolle repariert werden mussten.

Antwort: _____

6

5. Zwei Zeitungen berichten über einen Waldbrand. In der einen kann man lesen: „Das verheerende Feuer fraß sich auf einer Breite von 400 m durch den Wald und konnte erst nach 3,5 km eingedämmt werden."
In der anderen Zeitung stand die Schlagzeile: „150 Hektar Wald vernichtet."
Stimmen die Angaben der beiden Zeitungen überein?

Antwort: _____

4

26 – 19,5 Punkte	19 – 13 Punkte	12,5 – 0 Punkte
☺	😐	☹

Gesamtpunktzahl **26**

45 min

Klassenarbeit 5.2

Themen: Brüche als Anteile, Kürzen, Brüche und Prozente, Brüche als Ergebnis einer Divisionsaufgabe, Flächen und Rauminhalte (Wdh.)

1. a) Verdeutliche die Anteile $\frac{3}{8}$ und $\frac{4}{12}$ jeweils mithilfe einer Zeichnung.

$\frac{3}{8}$	$\frac{4}{12}$

b) Carla meint:

„Um den Bruch $\frac{6}{8}$ zu verdeutlichen, zeichne ich vier gleich große Quadrate.
Wenn ich davon drei schraffiere, habe ich $\frac{6}{8}$ der vier Quadrate gefärbt."

Hat Carla recht? Erkläre!

....

....

....

....

6

2. Markus möchte sich einen Computer für 480 € kaufen. Er hat schon 300 € gespart.
Berechne, welchen Anteil des Preises er noch sparen muss.

3

Antwort: ....

3. Gib den Anteil der blauen Fläche an der gesamten Fläche als Bruch und in Prozent an.

a) Bruch: .... Prozent: ....   **b)** Bruch: .... Prozent: ....   **c)** Bruch: .... Prozent: ....

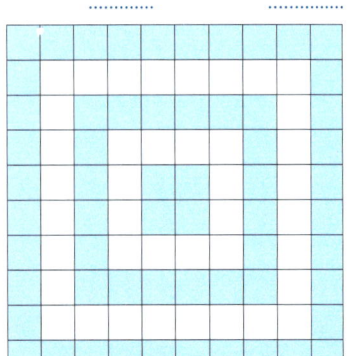
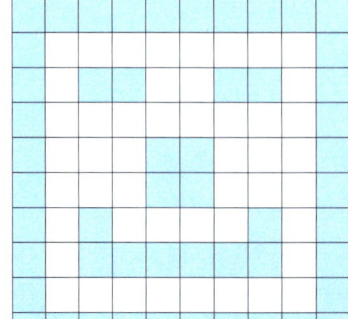
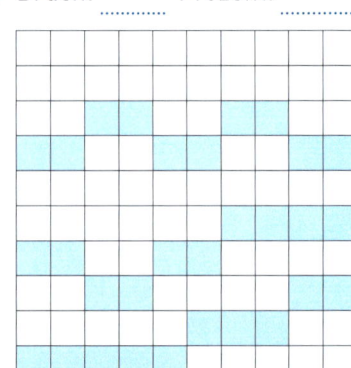

6

4. Eine Woche hat sieben Tage bzw. 168 Stunden. Jonas hat festgehalten, wie viele Stunden er für verschiedene Tätigkeiten verwendet. Berechne den Anteil an einer Woche. Kürze soweit wie möglich.

   a) Insgesamt schläft Jonas 56 Stunden in einer Woche.

   b) Mit Essen verbringt er 12 Stunden pro Woche.

   c) Etwa 24 Stunden in der Woche spielt er am Computer oder sieht fern.

6

5. Ein Postpaket ist 40 cm lang, 40 cm breit und 30 cm hoch.

   a) Berechne das Volumen des Pakets.

   b) Berechne den Oberflächeninhalt des Pakets.

   c) Die zwei quadratischen Flächen werden rot und die übrigen Flächen gelb angemalt. Bestimme den Anteil der roten Flächen an der gesamten Oberfläche.

6

27 – 20,5 Punkte	20 – 13,5 Punkte	13 – 0 Punkte
☺	😐	☹

Gesamtpunktzahl 27

45 min

Beginn: .... Ende: ....

Klassenarbeit 5.3

Themen: Brüche als Anteile, Kürzen und Erweitern

1. A 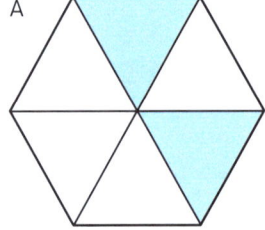 B 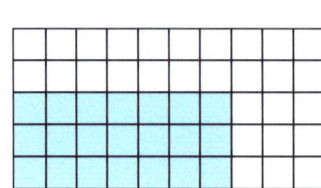 C

a) Gib für jede Figur den gefärbten Anteil als Bruch an.

A: .... ; B .... ; C: ....

b) Notiere für B den Anteil in Prozent: ....

c) Notiere für C den Anteil in der gemischten Schreibweise: ....

6

2. Kürze soweit wie möglich und gib an, welche Brüche den gleichen Wert haben: $\frac{1}{2}$; $\frac{6}{12}$; $\frac{4}{12}$; $\frac{5}{10}$; $\frac{6}{18}$; $\frac{9}{18}$; $\frac{2}{6}$; $\frac{8}{24}$

4

3. Sophie behauptet:

„Wenn ich einen Bruch mit 2 erweitere, muss ich den Zähler und den Nenner jeweils mit 2 multiplizieren. Der Wert des Bruchs verdoppelt sich dabei also."

Was meinst du dazu? Erkläre mithilfe eines Beispiels.

....

....

....

4

....

4. Die Brüche geben an, welcher Anteil mit der Figur dargestellt ist. Ergänze jeweils zu einem Ganzen.

a) $\frac{3}{4}$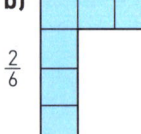

b) $\frac{2}{6}$

c) $\frac{5}{8}$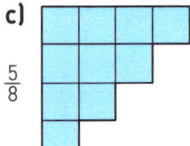

6

5. Welche der angegebenen Brüche kann man kürzen?

Wie groß ist ihr Anteil an den angegebenen Brüchen? $\frac{21}{12}; \frac{25}{14}; \frac{37}{74}; \frac{28}{77}; \frac{17}{19}; \frac{26}{21}; \frac{63}{84}$

Brüche, die man kürzen kann: ....

Anteil der Brüche, die kürzbar sind: ....

4

6. Katrin muss morgens auf dem Weg zur Schule das erste
Stück zu Fuß gehen.
Die restlichen 6 km kann sie mit dem Bus fahren.
Wie lang ist ihr Schulweg, wenn die Busfahrt $\frac{12}{13}$ der Gesamt-
strecke beträgt?

Antwort: ....

4

28 – 21,5 Punkte	20 – 14 Punkte	13,5 – 0 Punkte
🙂	😐	🙁

Gesamtpunktzahl **28**

45 min

Klassenarbeit 5.4

Themen: Brüche als Anteile, Kürzen und Erweitern, Brüche und Prozente, Textaufgaben mit Brüchen, Umwandlung von Einheiten (Wdh.)

1. Gib den Anteil der blauen Fläche an der gesamten Fläche als Bruch und in Prozent an.

a) Bruch: .... Prozent: ....   **b)** Bruch: .... Prozent: ....   **c)** Bruch: .... Prozent: ....

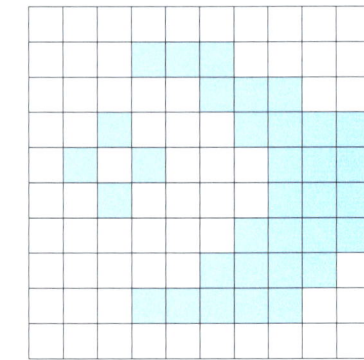

6

2. Gib den Bruch in der Prozentschreibweise an.

a) $\frac{15}{20}$ = ...

b) $\frac{48}{240}$ = ...

c) $\frac{55}{275}$ = ...

d) $\frac{60}{200}$ = ...

$\frac{16}{40}$ = ...

$\frac{37}{20}$ = ...

$\frac{400}{50}$ = ...

$\frac{13}{13}$ = ...

8

3. In Hintertupfingen hat es wieder sehr viel geschneit. Gestern lagen 24 m³ Schnee auf der Sporthalle. Heute hat der Hausmeister $\frac{1}{3}$ des Schnees geräumt.
Berechne, welche Schneemenge nun auf der Sporthalle liegt.

3

Antwort: ....

4. Der Kinofilm „Die Rückkehr des Krümelmonsters" dauert 160 Minuten. Aufgrund von sehr krümeligen Szenen, die man Kindern nicht zumuten kann, entsteht eine gekürzte Fernsehversion mit 144 Minuten. Berechne, welcher Anteil des Originalfilms herausgeschnitten wurde.

3

Antwort: ....

5. Peter möchte sich Inline-Skates für 120 € kaufen. Er hat schon $\frac{7}{10}$ des Preises gespart.

   a) Berechne, wie viel Geld ihm noch fehlt.

Antwort: _____

   b) Seine Oma schenkt ihm zum Geburtstag so viel Geld, dass er dann $\frac{4}{5}$ des Gesamtpreises hat.
      Berechne, welchen Anteil des Gesamtpreises er von seiner Oma geschenkt bekommt.

Antwort: _____

7

6. Wandle in die angegebene Einheit um.

   a) 0,347 m = _____ cm   **c)** 1234,5 dm² = _____ m²

   b) 45 934 m = _____ km   **d)** 341,6 dm² = _____ cm²

4

31 – 23,5 Punkte	23 – 15,5 Punkte	15 – 0 Punkte
☺	😐	☹

Gesamtpunktzahl 31

45 min

Beginn: .... Ende: ....

Klassenarbeit 5.5

Themen: Brüche mit Einheiten, Erweitern, Brüche grafisch darstellen, Anteile bestimmen, Brüche und Prozente, Berechnung von Oberflächeninhalten und Volumina (Wdh.)

1. Wandle die Größe in die angegebene Einheit um.

a) $\frac{3}{10}$ km = ... m   **c)** $\frac{6}{5}$ kg = ... g

b) $\frac{7}{20}$ m = ... cm   **d)** $\frac{2}{3}$ h = ... min

4

2. Erweitere die Brüche so, dass im Nenner 100 steht und gib sie in der Prozentschreibweise an. Färbe anschließend den entsprechenden Anteil im Quadrat.

a) $\frac{3}{20}$ = ... = ...

b) $\frac{14}{50}$ = ... = ...

c) $\frac{36}{60}$ = ... = ...

6

3. a) Von den 15 erzielten Toren seiner Mannschaft hat Tom 12 Tore geschossen. Gib Toms Anteil mit einem Bruch und in der Prozentschreibweise an.

Anteil als Bruch: ....   Anteil in Prozentschreibweise: ....

b) Paula hat in 15 Spielen ihrer Mannschaft ebenfalls 12 Tore geschossen. Wie viele Tore haben ihre Mitspielerinnen in dieser Zeit geschossen, wenn Paulas Anteil an allen Toren ihrer Mannschaft bei $\frac{2}{5}$ lag?

6

Antwort: ....

4. In der Klasse 5 a sind 25 Schülerinnen und Schüler.
Bei der Klassensprecherwahl haben sich Ben, Chantale,
Esra und Felix zur Wahl gestellt.
Die Tabelle gibt an, wie viele Stimmen sie jeweils erhalten
haben.
Berechne die Anteile in Prozent und trage sie in die
Tabelle ein.

Name	Stimmen	Anteil in %
Ben	10	
Chantale	8	
Esra	5	
Felix	2	

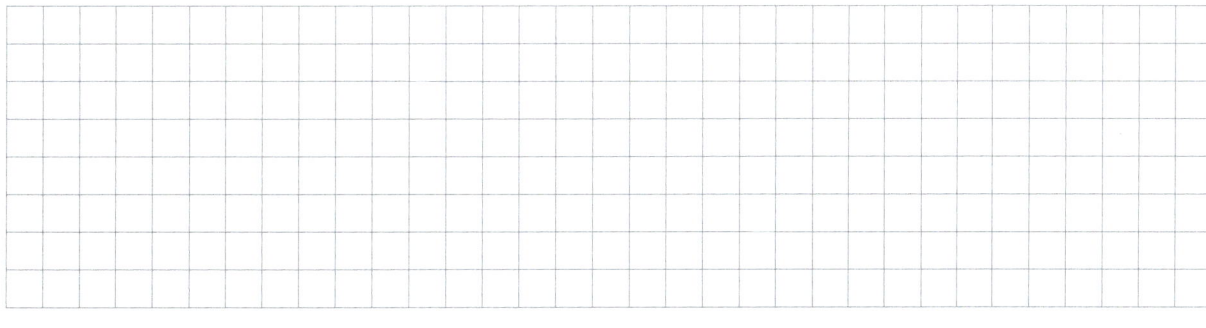

4

5. a) Ein Quader hat die Maße 4 m, 5 m und 16 m. Berechne sein Volumen und seinen Oberflächeninhalt.

   b) Ein anderer Quader mit gleichem Volumen hat eine quadratische Grundfläche mit der Seitenlänge 8 m.
Berechne für diesen Quader seine Höhe.

5

25 – 19 Punkte	18,5 – 12,5 Punkte	12 – 0 Punkte
☺	☺	☹

Gesamtpunktzahl 25

Lösungen

1. Natürliche Zahlen und Größen

Zum Aufwärmen: Verstehen und Üben

Daten darstellen: Säulendiagramm

Seite 11

1.

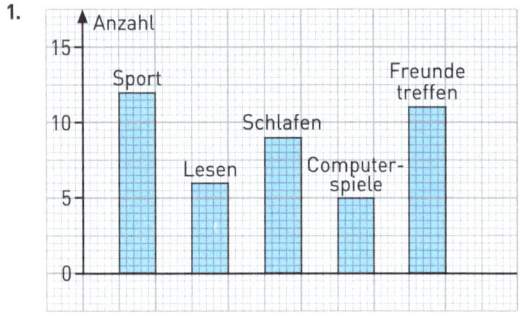

Große Zahlen: Stellenwerttafel

Seite 12

2.

Billionen			Milliarden			Millionen			Tausender					
									HT	ZT	ET	T	H	E
								5	0	0	0	0	0	1
						1	0	0	0	1	0	0	0	0
				1	3	0	1	3	0	1	3	0	1	3
1	2	5	0	0	0	0	0	0	3	0	0	0	1	2

3. a) 727 000 333
   b) 13 001 100 001
   c) 6 000 000 666

Zahlen ordnen und runden; Zahlenstrahl

Seite 13

4. a) Die Aussage ist falsch. Es gilt: 999 999 999 < 1 000 000 000 (Anzahl der Ziffern beachten)
   b) Die Aussage ist richtig, denn es gilt: 333·2 = 666
   c) Die Aussage ist richtig. Es gilt:
      7 000 000 000 > 452 000 000
      (Anzahl der Ziffern beachten)

5. a) A: 60   B: 280   C: 420   D: 550
   b) A: 12 000   B: 37 000   C: 45 000   D: 53 000

6.
   40 150   470   800 910
   |————————————————————————————————▶
   0   100   500   1000

Seite 14

7.
   Katze
   Schildkröte   Elefant
   Schäfer- Ameisen-
   hund   königin
   |————————————————————————————————▶
   0 10 20 30 40 50 60 70 80 Jahre

8. Spaßbad Froschkönig: 20 000 Besucher
   Sportschwimmbad Königsee: 9 000 Besucher
   Wassermann-Therme: 12 000 Besucher
   Meerwasserhallenbad: 16 000 Besucher
   9 000 < 12 000 < 16 000 < 20 000

9. Antwort: 19 500 Besucher

Seite 15

10. a) 14 023 ≈ 14 020   **b)** 114 023 ≈ 110 000
      766 ≈ 770   23 640 ≈ 20 000
      1528 ≈ 1530   8 989 898 ≈ 8 990 000
      21 ≈ 20   67 500 ≈ 70 000

11. a) Es ist es nicht sinnvoll zu runden, da bei einem Sprint jeder Meter zählt.
   b) Man könnte auf ca. 10 g runden, da die Angabe ein Esslöffel grundsätzlich ungenau ist.
   c) Es ist nicht sinnvoll zu runden, da es sich um die Schuhgröße handelt.
   d) Es kann auf 10 500 Euro gerundet werden.

12. Jakob hat stellenweise gerundet (erst die Einer, dann die Zehner usw.). Richtig wäre es, beim Runden auf Tausender nur die Hunderter zu betrachten: 75 481 ≈ 75 000

13. a) 274   **c)** 79 499   **e)** 6 549 999
   b) 1449   **d)** 3 334 999

Größen und ihre Einheiten

Seite 16

14. mm, cm, dm, m, km

15. 1 Meter hat 10 Dezimeter.
   1 Dezimeter hat 10 Zentimeter.
   1 Zentimeter hat 10 Millimeter.
   1 Meter hat 100 Zentimeter.
   1 Meter hat 1000 Millimeter.

Seite 17

16.

km			m			dm	cm	mm	gemischte Schreibweise	mit Komma	ohne Komma
H	Z	E	H	Z	E						
(1)		1	2	6	5				12 km 650 m	12,65 km	12 650 m
(2)			8	7	3	2			8 km 732 m	8,732 km	8732 m
(3)					4	0	2		4 m 2 cm	4,02 m	402 cm
(4)		1	0	2					1 km 20 m	1,02 km	1020 m
(5)						6	0	3	6 dm 3 mm	6,03 dm	603 mm
(6)					2	0	8		2 m 8 cm	2,08 m	208 cm

17. a) 3 cm 4 mm = 34 mm = 3,4 cm
      4 m 7 cm = 407 cm = 4,07 m
      9 dm 3 mm = 903 mm = 9,03 dm
   b) 5 dm 3 cm = 53 cm = 5,3 dm
      6 dm 8 mm = 608 mm = 6,08 dm
      7 m 9 mm = 7009 mm = 7,009 m

18. a) 83 mm = 8 cm 3 mm
   b) 634 mm = 6 dm 3 cm 4 mm
   c) 207 mm = 20 cm 7 mm

19. a) 4 cm 3 mm = 43 mm
      7 dm 1 mm = 7,01 dm
   b) 5 dm 9 cm = 5,9 dm
      2 m 4 cm = 2040 mm

Seite 18

20.

t			kg			g			mg			kleinste Einheit	größte Einheit
H	Z	E	H	Z	E	H	Z	E	H	Z	E		
						5	2	7	5			5 275 g	5,275 kg
								1	0	9		1090 mg	1,09 g
	1	8		5	0							18 050 kg	18,05 t
				2	2	7	5	0				22 750 g	22,75 kg
							4	9	5			49 500 mg	49,5 g
		1	0	0	0	0	0	0	0	0	0	1000 000 000 mg	1 t

21. a)   3000 g = 3 kg   20 kg = 20 000 g   35 000 000 g = 35 t
b)   2 t = 2000 kg   5 000 mg = 5 g   5 t = 5 000 000 000 mg

22. a)   6 min = 360 s   8 h = 480 min   3 h 36 min = 216 min
b)   840 s = 14 min   168 h = 7 d   220 min = 3 h 40 min

23.   135 s < 2 min 20 s (= 140 s) < 12 min 20 s (= 740 s)
< 1 h 3 min (= 3780 s) < 1,2 h (= 1 h 12 min = 72 min = 4 320 s)
< 73 min (= 4 380 s)

Seite 19

24.   11:49 Uhr $\xrightarrow{11\,min}$ 12:00 Uhr $\xrightarrow{1\,h}$ 13:00 Uhr
$\xrightarrow{13\,min}$ 13:13 Uhr
11 min + 1 h + 13 min = 1 h 24 min
Sie muss 1 h 24 min warten.

25. a)   7 kg = 7000 g   90 dm = 900 cm
30 cm = 300 mm   15 g = 15 000 mg
5 d = 120 h   8 min = 480 s
3 h = 180 min   50 km = 50 000 m
b)   70 cm = 7 dm   300 min = 5 h
660 s = 11 min   17 000 kg = 17 t
2000 m = 2 km   40 dm = 4 m
240 h = 10 d   30 mm = 3 cm

26.   31 km > 310 m;   207 mm < 2 dm 7 cm;   75 min = 1 h 15 min

Maßstab

27. a)   Länge: 90 Meter; Breite: 50 Meter
b)   Der Mittelpunkt ist in der Zeichnung jeweils
2,5 cm = 25 mm bzw. 4,5 cm = 45 mm von den Seiten-
linien entfernt.
Elfmeterpunkt: 1 cm in der Zeichnung entspricht 10 m in
der Realität. Also entspricht 1 mm in der Zeichnung 1 m
in der Realität. Der Elfmeterpunkt ist also 11 mm vom Tor
entfernt.

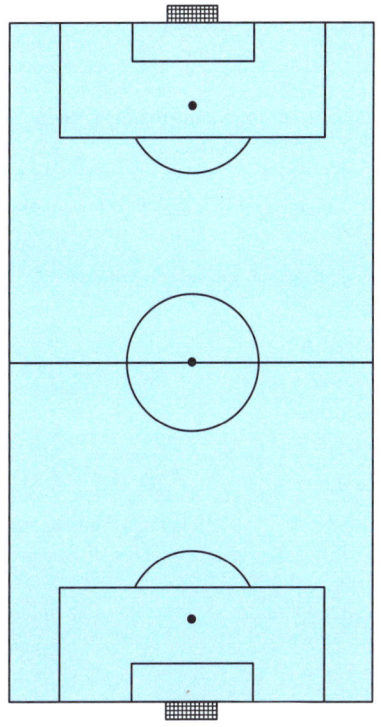

Seite 20

28.   Die Ameise auf dem Bild ist 3 cm = 30 mm lang.
Das bedeutet, dass die Ameise in der Realität einen halben
Zentimeter, also 5 mm, lang ist.

29. a)   Länge: 12 cm; Breite: 8 cm
b)   Das gezeichnete Rechteck ist 6 cm lang und 4 cm breit.

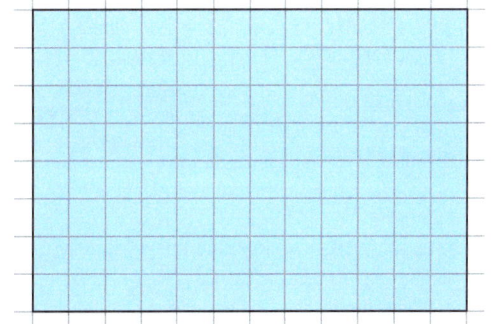

30.

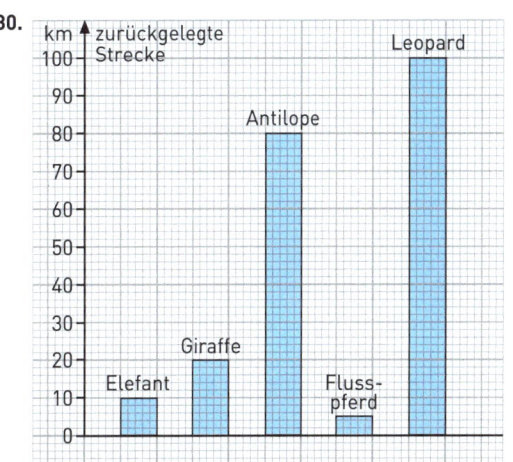

sinnvoller Maßstab:
1 : 1000 000 (1 cm im Bild entspricht 10 km in der Realität)
oder
1 : 200 000 (1 cm im Bild entspricht 20 km in der Realität)

Klassenarbeit 1.1

Seite 21/22

1. **a)** An dem Säulendiagramm kann man erkennen, dass sich die meisten Kinder Nudeln wünschen.
   Pizza und Pfannkuchen sind fast gleich beliebt und liegen auf Platz zwei und drei. Andere Aussagen sind auch möglich. (2 Punkte)

   b)

Lieblingsessen	Anzahl der Stimmen
Salat	5
Suppe	7
Pommes	16
Pfannkuchen	20
Pizza	23
Nudeln	50

   (3 Punkte)

   c) Da jedes Kind nur eine Stimme abgegeben durfte, kann die Gesamtzahl der Kinder leicht berechnet werden:
   5 + 7 + 16 + 20 + 23 + 50 = 121
   Es haben sich 121 Kinder an der Umfrage beteiligt. (2 Punkte)

2. **a)**

	Billionen			Milliarden			Millionen			Tausender					
	H	Z	E	H	Z	E	H	Z	E	H	Z	E	H	Z	E
(1)									8	6	0	0	0	0	7
(2)		5	0	0	0	0	5	0	5	0	0	0	0	0	0

   (je 1 Punkt)

   b) (1) zwanzig Milliarden fünftausend: 20 000 005 000
   (2) neunhundertneun Milliarden neunhundertneun Tausend: 909 000 909 000 (je 1 Punkt)

3. **a)** 3 986 ≈ 3 990　　**b)** 68 547 ≈ 69 000
   1 984 ≈ 1 980　　　　4 372 ≈ 4 000
   966 ≈ 970　　　　　64 855 ≈ 65 000
   (je 0,5 Punkte)

4. **a)** Diese Aussage ist falsch, da man auch zu dieser Zahl eins dazu zählen kann und dadurch eine noch größere Zahl erhält.
   10 000 000 000 + 1 = 10 000 000 001 (3 Punkte)

   b) Rechnung: 9 038 · 2 = 18 076
   18 076 gerundet auf Tausender ergibt 18 000.
   Die Aussage ist also falsch. (3 Punkte)
   (jeweils 1 Punkt für die Aussage richtig/falsch, 2 Punkte für die Begründung)

5. **a)** 15 mm = 1 cm 5 mm
   77 mm < 7 dm 7 mm
   60 cm < 6 m

   b) 1 dm > 10 mm
   142 mm = 1 dm 4 cm 2 mm
   54 dm > 504 cm

   c) 40 dm > 4 cm
   1 m 8 dm = 1 m 80 cm
   128 cm = 1 m 28 cm (je 1 Punkt)

Zum Nacharbeiten					
Aufgabe	1	2	3	4	5
Schulbuch, Seite	12, 13	16	31	17, 31	33, 34

Klassenarbeit 1.2

Seite 23/24

1.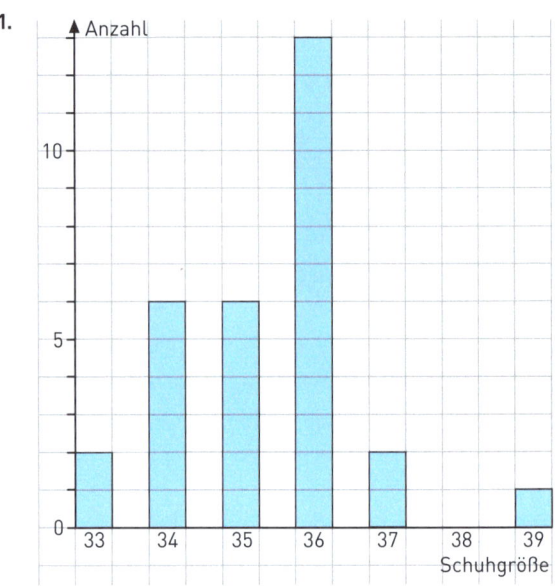

   Ein Balkendiagramm ist auch möglich.
   (0,5 Punkte je Säule, je 1 Punkt für die Achsen)

2. **a)** (1) 53 433 < 254 344
   (2) 12 576 < 112 576
   (3) 400 200 > 400 020 (je 1 Punkt)

   b) 70 Millionen < 70 Milliarden < 700 Milliarden < 7 Billionen (2 Punkte)

3. **a)** 2 378 (1 Punkt)
   b) 14 749 (1 Punkt)
   c) Nachfolger: 13 546
   gerundet auf Zehner: 13 550 (2 Punkte)

4. **a)**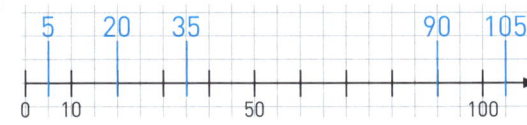

   (3 Punkte)

   b) A = 3 000; B = 8 000; C = 14 000; D = 19 000 (je 0,5 Punkte)

5. **a)** Sarah bekommt mindestens 5 Euro Taschengeld (gerundet 10 Euro) und Niklas bekommt maximal 14 Euro Taschengeld (gerundet 10 Euro). In diesem Fall bekommt Niklas tatsächlich 9 Euro mehr als Sarah. Die Aussage kann also stimmen. (3 Punkte)

   b) Der Maßstab 1 : 50 bedeutet, dass 1 cm in der Zeichnung 50 cm in der Wirklichkeit entsprechen. Ein 4 Meter hoher Baum wäre also in der Zeichnung 8 cm hoch.
   Der Maßstab 1 : 100 bedeutet, dass 1 cm in der Zeichnung 100 cm in der Wirklichkeit entsprechen. Der Baum wäre in dieser Zeichnung also nur 4 cm hoch.
   Die Aussage ist also falsch: Der gezeichnete Baum im Maßstab 1 : 50 ist doppelt so hoch wie der gezeichnete Baum im Maßstab 1 : 100. (3 Punkte)

Zum Nacharbeiten					
Aufgabe	1	2	3	4	5
Schulbuch, Seite	12, 13	25	17, 25, 31	28	31, 46

Klassenarbeit 1.3

Seite 25/26

1. Die 85 Kinder der 5. Klassen nahmen an einem Wettkampf im Weitsprung teil. Zur Auswertung hat Herr Beck ein Säulendiagramm für alle gültigen Sprünge im ersten Durchgang erstellt. (1 Punkt)

- 15 Kinder sprangen mindestens 341 cm. (1 Punkt)
- 16 Kinder erreichten eine Weite zwischen 241 cm und 290 cm. (1 Punkt)
- 13 Kinder hatten einen ungültigen Sprung und erscheinen deshalb nicht in der Darstellung. (1 Punkt)
- Eine Weite von mehr als 2,40 m erreichten 66 Kinder. (1 Punkt)

2.

Veranstaltungsorte in Köln	Besucher-zahl	gerundet auf Hunderttausender
Wallraf-Richartz-Museum	245 065	200 000
Römisch-Germanisches Museum	186 715	200 000
Museum Ludwig	343 953	300 000
Rautenstrauch-Joest-Museum	114 402	100 000

Veranstaltungsorte in Köln	Besucher
Wallraf-Richartz-Museum	👤 👤
Römisch-Germanisches Museum	👤 👤
Museum Ludwig	👤 👤 👤
Rautenstrauch-Joest-Museum	👤

(2 Punkte fürs Runden, 1 Punkt für Auswahl geeigneter Bildfigur, 2 Punkte fürs Diagramm)

3. a) (1) 254 331 > 254 313
(2) 496 576 > 87 564
(3) 305 999 < 350 444 (je 1 Punkt)
b) 236 < 263 < 623 < 2 306 < 5 230 < 6 203 (3 Punkte)

4. a)
4 m = 400 cm
80 mm = 0,8 dm
27 cm = 2,7 dm
150 cm = 1500 mm
8 000 mm = 8 m
0,8 m = 80 cm
b) 2,467 kg = 2467 g
45 kg = 0,045 t
700 mg = 0,7 g
8,5 t = 8 500 kg
170 mg = 0,17 g
1 g = 0,001 kg
(je 0,5 Punkte)

5. a) In der Zeichnung ist das Haus 4 cm hoch.
In der Realität ist es 8 m = 800 cm hoch.
800 : 4 = 200
Also entspricht 1 cm in der Zeichnung 200 cm in der Realität.
Maßstab 1 : 200 (3 Punkte)
b) Breite des gezeichneten Hauses: 5 cm
Breite des Hauses in der Realität:
5 cm · 200 = 1 000 cm = 10 m
Antwort: Das Haus ist in Wirklichkeit 10 m breit.
(3 Punkte)

Zum Nacharbeiten					
Aufgabe	1	2	3	4	5
Schulbuch, Seite	12, 13	30, 31	25	33, 34, 38	45, 46

Klassenarbeit 1.4

Seite 27/28

1. a) Rangliste: 1. Köln, 2. Düsseldorf, 3. Dortmund, 4. Essen, 5. Duisburg, 6. Bochum, 7. Wuppertal, 8. Bielefeld, 9. Bonn, 10. Münster (2 Punkte)
b) (1) Bielefeld: 330 000; Essen: 570 000 (2 Punkte)
(2) Duisburg: 500 000; Wuppertal: 300 000 (2 Punkte)
(3) 3 der Städte Bielefeld, Bonn, Münster und Wuppertal können genannt werden.
Auch richtig: Dortmund, Düsseldorf, Essen (3 Punkte)
(4) zwischen 571 500 und 572 499 (2 Punkte)
c)

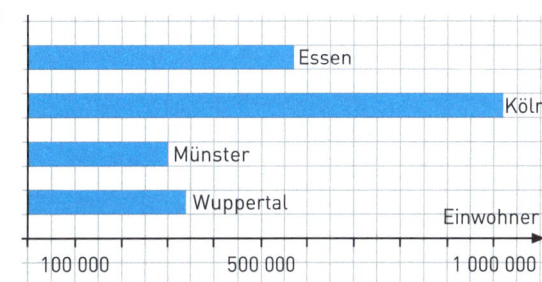

(4 Punkte)

2. A = 150; B = 220; C = 390; D = 600 (je 0,5 Punkte)

3. a) 16 mm = 0,16 dm
b) 83 mm = 0,83 dm
c) 95 mm = 0,95 dm
d) 58 mm = 0,58 dm
(je 0,5 Punkte)

4. a) 6:08 Uhr $\xrightarrow{30\,min}$ 6:38 Uhr (1 Punkt)
6:45 Uhr $\xrightarrow{26\,min}$ 7:11 Uhr (1 Punkt)
30 min + 26 min = 56 min
Er sitzt täglich 56 min im Zug. (1 Punkt)
b) 05:55 Uhr $\xrightarrow{1h\,23\,min}$ 07:18 Uhr (1 Punkt)
Für den Hinweg benötigt er 1h 23 min. (1 Punkt)
Die gleiche Zeit benötigt er auch für den Rückweg.
Er muss das Büro um 16:37 Uhr verlassen. (2 Punkte)

5. a)

1 m	
6 dm	4 dm
65 cm	35 cm

c)

1 h	
0,8 h	0,2 h
40 min	20 min

b)

1 g	
750 mg	250 mg
0,04 g	0,96 g

(je 0,5 Punkte)

Zum Nacharbeiten					
Aufgabe	1	2	3	4	5
Schulbuch, Seite	12, 13, 25, 31	28	33, 34	41, 42	33, 34, 38, 41, 42

Klassenarbeit 1.5

Seite 29/30

1. a)

Fluss	Länge
Rhein	1300 km
Elbe	1200 km
Donau	2800 km
Oder	900 km

(je 1 Punkt)

b)

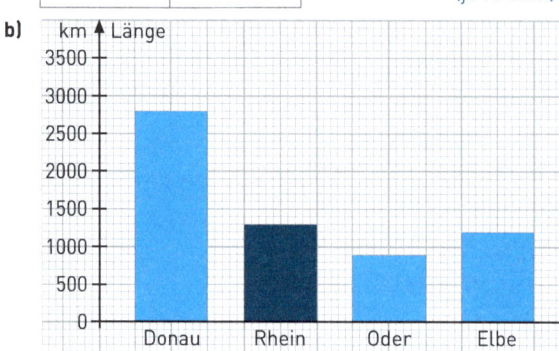

(1 Punkt)

c) mindestens: 1150 km
höchstens: 1249 km   (je 1 Punkt)

2. a) 09:37 Uhr $\xrightarrow{23\,min}$ 10:00 Uhr $\xrightarrow{6\,h}$ 16:00 Uhr
$\xrightarrow{14\,min}$ 16:14 Uhr
23 min + 6 h + 14 min = 6 h 37 min
Sie ist insgesamt 6 h 37 min unterwegs.   (2 Punkte)

b) 10:28 Uhr $\xrightarrow{32\,min}$ 11:00 Uhr $\xrightarrow{26\,min}$ 11:26 Uhr
32 min + 26 min = 58 min
Sie muss 58 min warten.   (2 Punkte)

3. 6 032 903 mm > 63 512 cm > 60,428 m > 603,28 dm > 0,0056 km
(je 1 Punkt)

4. a) siehe unten;
8,047 kg = 5 kg + 2 kg + 1 kg + 20 g + 20 g + 5 g + 2 g
(1 Punkt)

b) Nein, denn das Gesamtgewicht aller Wägestücke beträgt
nur 11,110 kg.   (2 Punkte)

5.

Tier	Sprungweite	in m umgerechnet
Tiger	50 dm	5 m
Floh	50 cm	0,5 m
Heuschrecke	2 m	2 m
Springfrosch	2000 mm	2 m
Löwe	5 m	5 m
Fuchs	2,75 m	2,75 m
Waldmaus	7,5 dm	0,75 m

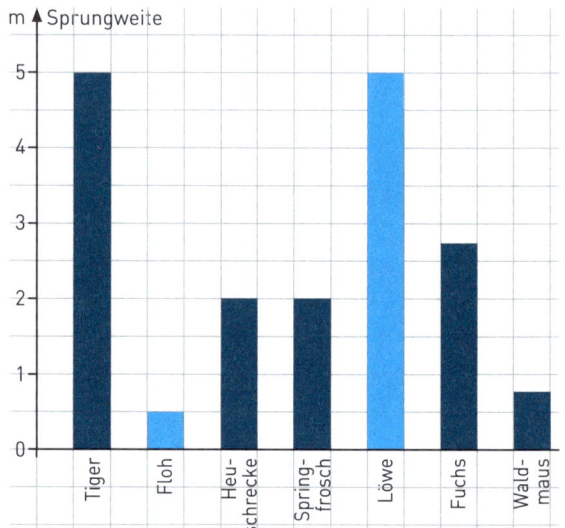

Die Achsenbeschriftung kann auch in der Einheit dm oder
cm erfolgen. Dann entspricht 1 Kästchen jeweils 5 dm bzw.
50 cm.

(1 Punkt für jede Säule, 2 Punkte für Achsenbeschriftung)

Zum Nacharbeiten					
Aufgabe	1	2	3	4	5
Schulbuch, Seite	12, 13, 31	41, 42	33, 34	38, 39	33, 34, 48

zu Aufgabe 4:

2. Rechnen mit natürlichen Zahlen

Zum Aufwärmen: Verstehen und Üben

Addieren und Subtrahieren

Seite 31

1. **a)** 25 + 15 = 40   **b)** 15 − 15 = 0   **c)** 76 + 24 = 100
P.: 40 − 15 = 25   P.: 0 + 15 = 15   P.: 100 − 24 = 76
100 + 11 = 111   31 − 6 = 25   83 − 13 = 70
P.: 111 − 11 = 100   P.: 25 + 6 = 31   P.: 70 + 13 = 83

2. **a)** 40; 52; 51   **c)** 128; 160; 203   **e)** 555; 321; 999
    b) 106; 109; 101   **d)** 310; 418; 510

3. **a)** 25; 12; 27   **c)** 4; 86; 85   **e)** 111; 33; 345
    b) 52; 43; 17   **d)** 110; 258; 61

4. **a)** 67 + 8 + 3 = 67 + 3 + 8 = 70 + 8 = 78
59 + 27 + 41 = 59 + 41 + 27 = 100 + 27 = 127
b) 9 + 11 + 7 = 20 + 7 = 27
111 + 33 + 89 = 111 + 89 + 33 = 200 + 33 = 233
c) 2 + 24 + 6 = 2 + 30 = 32
77 + 40 + 60 = 77 + 100 = 177

Seite 32

5.

(+)   81
54   27
36   18   9
24   12   6   3
16   8   4   2   1

(+)   432
198   234
75   123   111
23   52   71   40
6   17   35   36   4

(−)   11
22   11
44   22   11
88   44   22   11
176   88   44   22   11

(−)   1
2   1
5   3   2
13   8   5   3
34   21   13   8   5

6. **a)** 405 + 99 = 405 + 100 − 1= 505 − 1 = 504
303 + 99 = 303 + 100 − 1 = 403 − 1 = 402
102 + 99 = 102 + 100 − 1 = 202 − 1 = 201
b) 177 + 99 = 177 + 100 − 1 = 277 − 1 = 276
287 + 98 = 287 + 100 − 2 = 387 − 2 = 385
164 + 97 = 164 + 100 − 3 = 264 − 3 = 261
c) 59 + 95 = 59 + 100 − 5 = 159 − 5 = 154
123 + 90 = 123 + 100 − 10 = 223 − 10 = 213
145 + 95 = 145 + 100 − 5 = 245 − 5 = 240
d) 205 + 198 = 205 + 200 − 2 = 405 − 2 = 403
311 + 299 = 311 + 300 − 1 = 611 − 1 = 610
345 + 185 = 345 + 200 − 15 = 545 - 15 = 530

7. Beispiel für einen Merksatz: „Wenn ich 147 € habe und 98 €
zahlen muss, zahle ich 100 € und bekomme 2 € zurück. Ich
habe dann 49 €."
Rechnung: 147 − 98 = 147 − 100 + 2 = 47 + 2 = 49
a) 142 − 99 = 142 − 100 + 1 = 42 + 1 = 43
137 − 99 = 137 − 100 + 1 = 37 + 1 = 38
139 − 99 = 139 − 100 + 1 = 39 + 1 = 40
155 − 96 = 155 − 100 + 4 = 55 + 4 = 59
b) 312 − 98 = 312 − 100 + 2 = 212 + 2 = 214
330 − 75 = 330 − 100 + 25 = 230 + 25 = 255
138 − 95 = 138 − 100 + 5 = 38 + 5 = 43
277 − 195 = 277 − 200 + 5 = 77 + 5 = 82

Schriftliches Addieren und Subtrahieren

Seite 33

8. **a)**

		7	9	8	1
	+	4	5	6	7
	+		1	0	1
			1	1	
	1	2	6	4	9

b)

		1	0	7	8	9
	−		3	4	5	2
	−		5	6	7	1
		1	1	1		
			1	6	6	6

			3	4	2
	+	9	0	6	7
	+			5	2
			1	1	
		9	4	6	1

		3	0	7	5
	−		3	2	1
	−		7	4	6
		1		1	
		2	0	0	8

		1	1	1	1
	+	5	3	8	9
	+		7	0	2
		1	1	1	
		7	2	0	2

		4	5	0	0
	−	1	5	5	0
	−	2	9	5	0
		1	1		
		0	0	0	0

9. 4 + 101 = 105   4 + 53 = 57   4 + 11 = 15
209 + 101 = 310   209 + 53 = 262   209 + 11 = 220
7 + 101 = 108   7 + 53 = 60   7 + 11 = 18
15 < 18 < 57 < 60 < 105 < 108 < 220 < 262 < 310

10. Gesamtpreis der Bücher: 4 · 3 € = 12 €
20 € − 5 € − 12 € = 15 € − 12 € = 3 €
Antwort: Tina hat am Ende des Tages noch 3 € übrig.

Seite 34

11.

		1	6	4	0
	−		5	5	0
	−		5	5	0
	−		3	0	0
			1	1	
			2	4	0

Antwort: Der Urlaub für die Tochter kostet 240 Euro.
Kosten Kletterpark: 35 € · 4 = 140 €
Kosten Schwimmbad: 10 € · 2 + 7 € · 2 = 20 € + 14 € = 34 €
Gesamtkosten:

		1	6	4	0
	+		1	4	0
	+			3	4
		1			
		1	8	1	4

Geld, das noch zur Verfügung steht:

		2	0	0	0
	−	1	8	1	4
		1	1	1	
			1	8	6

Antwort: Es sind noch 186 Euro übrig.

Multiplizieren und Dividieren

12. 8 · 7 = 56   12 · 4 = 48   16 · 3 = 48
P.: 56 : 7 = 8   P.: 48 : 4 = 12   P.: 48 : 3 = 16
81 : 9 = 9   49 : 7 = 7   144 : 12 = 12
P.: 9 · 9 = 81   P.: 7 · 7 = 49   P.: 12 · 12 = 144

Seite 35

13. 5 · 9 · 2 = 5 · 2 · 9 = 10 · 9 = 90
3 · 4 · 25 = 3 · 100 = 300
2 · 11 · 11 = 2 · 121 = 242
7 · 2 · 15 = 7 · 30 = 210
8 · 7 · 125 = 8 · 125 · 7 = 1 000 · 7 = 7 000
5 · 9 · 12 = 5 · 12 · 9 = 60 · 9 = 540

14. Beispiel zum Multiplizieren: „Ich bin im Freibad 8 Bahnen mit je 25 m geschwommen, also insgesamt $8 \cdot 25\,\text{m} = 200\,\text{m}$."
Beispiel zum Dividieren: „Fünf Freunde teilen sich 2000 g Erdbeeren, jeder erhält $2000\,\text{g} : 5 = 400\,\text{g}$."

Schriftliches Multiplizieren und Dividieren

Seite 36

15. a)

		5	2	5	·	1	3
			5	2	5	0	
			1	5	7	5	
					1		
			6	8	2	5	

		1	0	4	·	2	6
			2	0	8	0	
				6	2	4	
					1		
			2	7	0	4	

	1	2	1	·	7
		8	4	7	

b)

5	2	5	:	2	5	=	2	1
5	0							
	2	5						
	2	5						
		0						

5	4	6	:	3	2	=	1	7
3	2							Rest 2
2	2	6						
2	2	4						
		2						

1	6	3	0	0	:	4	=	4	0	7	5
1	6										
	0	3									
		0									
		3	0								
		2	8								
			2	0							
			2	0							
				0							

16. a) $15 \cdot 823 = 12\,345$
$111 \cdot 111 = 12\,321$
$63 \cdot 481 = 30\,303$

b) $43\,329 : 13 = 3\,333$
$171\,717 : 17 = 10\,101$
$488\,884 : 22 = 22\,222$

Seite 37

17. $2\,\text{km} = 2000\,\text{m}$; $2000\,\text{m} : 400\,\text{m} = 5$
Antwort: Der Vater muss 5 Runden um den Sportplatz laufen.

18. Äpfel: 1000 g kosten 2 Euro, also kosten 500 g 1 Euro.
Orangen: 1000 g kosten 3 Euro.
Bananen: 4000 g kosten 2 Euro, also kosten 2000 g 1 Euro.
Weintrauben: 500 g kosten 2 Euro, also kosten 1000 g 4 Euro.
Gesamtrechnung: $1\,€ + 3\,€ + 1\,€ + 4\,€ = 9\,€$
Antwort: Sie müssen insgesamt 9 Euro bezahlen. Jedes Kind bezahlt also 3 Euro.

Seite 38

19. a) Minuten pro Tag: $17\,\text{min} + 21\,\text{min} = 38\,\text{min}$
Minuten pro Woche: $38\,\text{min} \cdot 5 = 190\,\text{min}$
Antwort: Sie ist 190 Minuten pro Woche mit dem Fahrrad zur Schule unterwegs.

b) Minuten pro Monat: $190\,\text{min} \cdot 4 = 760\,\text{min}$
Antwort: Sie fährt im Monat 760 Minuten.

c) $760\,\text{min} = 12\,\text{Std und }40\,\text{min}$
gerundet: 13 Std
Antwort: Sie fährt im Monat ca. 13 Stunden mit dem Fahrrad zur Schule.

Terme und Rechengesetze

20. a)
$(13 \cdot 3 - 7 \cdot 3) : 9$
$= (\quad 39 \quad - \quad 21 \quad) : 9$
$= \quad\quad 18 \quad\quad : 9$
$= 2$

c)
$(2 + 4) \cdot (2 + 4) : 6$
$= \quad 6 \quad \cdot \quad 6 \quad : 6$
$= \quad\quad 36 \quad\quad : 6$
$= 6$

b)
$21 - 14 \cdot 0 + (100 : 25) \cdot 1$
$= 21 - \quad 0 \quad + \quad 4 \quad \cdot 1$
$= \quad 21 \quad + \quad\quad 4$
$= 25$

Seite 39

21. a) $[72 : (25 - 17)] \cdot 3 : 27$
$= [72 : 8] \cdot 3 : 27$
$= 9 \cdot 3 : 27$
$= 27 : 27$
$= 1$

b) $25 : [[3 \cdot (15 - 2)] : 13 + 2]$
$= 25 : [[3 \cdot 13] : 13 + 2]$
$= 25 : [39 : 13 + 2]$
$= 25 : [3 + 2]$
$= 25 : 5$
$= 5$

22. a) $3 \cdot 4 + 5$
$= 12 + 5$
$= 17$

b) $180 : (111 - 21)$
$= 180 : 90$
$= 2$

c) $44 : 4 \cdot 10$
$= 11 \cdot 10$
$= 110$

23. $[240 - (33 + 45)] : 2$
$= [240 - 78] : 2$
$= 162 : 2$
$= 81$
Antwort: Jeder von ihnen darf noch 1 Stunde 21 Minuten im Internet sein.

Seite 40

24. $[(1065 - 82) + (2 + 9)] - 10$
$= [983 + 11] - 10$
$= 994 - 10$
$= 984$
Antwort: Gesucht ist die Zahl 984.

25. a) $101 + 58 + 99 + 42 + 87$
$= (101 + 99) + (58 + 42) + 87$
$= 200 + 100 + 87$
$= 387$

b) $4 \cdot 7 \cdot 25 \cdot 7$
$= 4 \cdot 25 \cdot 7 \cdot 7$
$= 100 \cdot 49$
$= 4900$

c) $(172 - 22) : 15$
$= 150 : 15$
$= 10$

d) $3 \cdot (10 + 4)$
$= 3 \cdot 10 + 3 \cdot 4$
$= 30 + 12$
$= 42$

e) $221 : 11 - 100 : 11$
$= (221 - 100) : 11$
$= 121 : 11$
$= 11$

f) $8 \cdot (25 + 7)$
$= 8 \cdot 25 + 8 \cdot 7$
$= 200 + 56$
$= 256$

Seite 41

26. a) Die Umformung ist richtig. Hier wird das Distributivgesetz angewendet.

b) Die Umformung ist falsch. Hier wurden die Rechenregeln (Punkt- vor Strichrechnung) nicht beachtet.
Richtig wäre: $13 + 1 \cdot 2 = 13 + 2 = 15$

c) Die Umformung ist richtig. Hier wird das Kommutativgesetz angewendet.

d) Die Umformung ist falsch. Hier wurde das Distributivgesetz nicht richtig angewendet.
Richtig wäre: $2 \cdot (3 + 14) = 2 \cdot 17 = 34$

Potenzieren

27. a) $6^2 = 36$; $\quad 2^4 = 16$; $\quad 9^0 = 1$
b) $17^0 = 1$; $\quad 5^3 = 125$; $\quad 1^{13} = 1$

28. a) $9 \cdot 9 \cdot 9 \cdot 9 \cdot 9 \cdot 9 \cdot 9 = 9^7$; **b)** $10 \cdot 10 \cdot 10 \cdot 10 \cdot 10 = 10^5$;
$\quad 4 \cdot 4 \cdot 4 \cdot 4 = 4^4$; $\qquad 12 \cdot 12 \cdot 12 = 12^3$;
$\quad 10 \cdot 10 = 10^2$ $\qquad 2 \cdot 2 \cdot 2 = 2^3$

Seite 42

29. a) $4 \cdot 5^2 \cdot 3$ **c)** $(24 : 4)^2 : 6$
$\quad = 4 \cdot 25 \cdot 3$ $\quad = 6^2 : 6$
$\quad = 100 \cdot 3$ $\quad = 36 : 6$
$\quad = 300$ $\quad = 6$
b) $(13 - 3 + 2^4 - 1) : 25$ **d)** $(19 + 3^4) \cdot 10^3$
$\quad = (13 - 3 + 16 - 1) : 25$ $\quad = (19 + 81) \cdot 1000$
$\quad = (10 + 15) : 25$ $\quad = 100 \cdot 1000$
$\quad = 25 : 25$ $\quad = 100\,000$
$\quad = 1$

30. a) $3028 - 28 \cdot 10^2$ **d)** $25 \cdot 4 + 5 \cdot 3 + 2$
$\quad = 3028 - 28 \cdot (10 \cdot 10)$ $\quad = 100 + 15 + 2$
$\quad = 3028 - 28 \cdot 100$ $\quad = 115 + 2$
$\quad = 3028 - 2800$ $\quad = 117$
$\quad = 228$
b) $15 + 670 \cdot [(15 - 12)^3 - 27]$ **e)** Richtig
$\quad = 15 + 670 \cdot [3^3 - 27]$
$\quad = 15 + 670 \cdot [27 - 27]$
$\quad = 15 + 670 \cdot 0$
$\quad = 15$
c) Richtig **f)** $1 \cdot 2 + 3 \cdot 4$
$\qquad = 2 + 12$
$\qquad = 14$

Seite 43

31. a) $(2^3 + 14) : 11$ **c)** $25 \cdot 4 : 10^1$
$\quad = (8 + 14) : 11$ $\quad = 100 : 10$
$\quad = 22 : 11$ $\quad = 10$
$\quad = 2$
b) $10^3 - 9^2$
$\quad = 1000 - 81$
$\quad = 919$

Variable und Gleichungen

32. Die gesuchte Zahl für x ist 4, denn $5 \cdot 4 - 12 = 8$ sowie $2 \cdot 4 = 8$.

33. a) Die Lösung dieser Gleichung ist $x = 2$.
b) Die Lösungen dieser Gleichung sind $x = 2$ und $x = 8$.

Teiler und Vielfache

Seite 44

34.

	Ergebnis	Probe
a)	4 | 48	$48 = 4 \cdot 12$
b)	19 | 95	$95 = 19 \cdot 5$
c)	23 | 92	$92 = 23 \cdot 4$
d)	22 ∤ 99	
e)	17 ∤ 71	
f)	13 | 143	$143 = 13 \cdot 11$
g)	18 | 90	$90 = 18 \cdot 5$
h)	11 ∤ 111	
i)	16 ∤ 74	
j)	6 | 102	$102 = 6 \cdot 17$

35. a)

Zahl	Teiler
12	1, 2, 3, 4, 6, 12
24	1, 2, 3, 4, 6, 8, 12, 24
36	1, 2, 3, 4, 6, 9, 12, 18, 36
9	1, 3, 9
25	1, 5, 25
49	1, 7, 49
10	1, 2, 5, 10
100	1, 2, 4, 5, 10, 20, 25, 50, 100
1000	1, 2, 4, 5, 8, 10, 20, 25, 40, 50, 100, 125, 200, 250, 500, 1000

b)

Zahl	Teiler
111	1, 3, 37, 111
222	1, 2, 3, 6, 37, 74, 111, 222
333	1, 3, 9, 37, 111, 333
33	1, 3, 11, 33
34	1, 2, 17, 34
35	1, 5, 7, 35
48	1, 2, 3, 4, 6, 8, 12, 16, 24, 48
96	1, 2, 3, 4, 6, 8, 12, 16, 24, 32, 48, 96
144	1, 2, 3, 4, 6, 8, 9, 12, 16, 18, 24, 36, 48, 72, 144

Teilbarkeitsregeln

Seite 45

36. a) Durch 2 teilbar sind die Zahlen 12, 20, 250, 480, 1288, 1300, 1234, 123 456, 7 890, 35 790.
b) Durch 5 teilbar sind die Zahlen 15, 20, 135, 250, 480, 1300, 12 345, 7 890, 35 790.
c) Durch 10 teilbar sind die Zahlen 20, 250, 480, 1300, 7 890, 35 790.

37. a) Durch 3 teilbar sind die Zahlen 12, 24, 36, 123, 321, 231, 555, 666, 777, 234, 345, 456, 12 345, 123 456.
b) Durch 9 teilbar sind die Zahlen 36, 666, 234.

Primzahlen

38. a) $21 = 3 \cdot 7$ **d)** $120 = 2 \cdot 2 \cdot 2 \cdot 3 \cdot 5$
$\quad 34 = 2 \cdot 17$ $\qquad 180 = 2 \cdot 2 \cdot 3 \cdot 3 \cdot 5$
$\quad 36 = 2 \cdot 2 \cdot 3 \cdot 3$ $\qquad 250 = 2 \cdot 5 \cdot 5 \cdot 5$
b) $123 = 3 \cdot 41$ **e)** $192 = 2 \cdot 2 \cdot 2 \cdot 2 \cdot 2 \cdot 2 \cdot 3$
$\quad 312 = 2 \cdot 2 \cdot 2 \cdot 3 \cdot 13$ $\qquad 196 = 2 \cdot 2 \cdot 7 \cdot 7$
$\quad 231 = 3 \cdot 7 \cdot 11$ $\qquad 208 = 2 \cdot 2 \cdot 2 \cdot 2 \cdot 13$
c) $555 = 3 \cdot 5 \cdot 37$ **f)** $128 = 2 \cdot 2 \cdot 2 \cdot 2 \cdot 2 \cdot 2 \cdot 2 = 2^7$
$\quad 666 = 2 \cdot 3 \cdot 3 \cdot 37$ $\qquad 256 = 2 \cdot 2 \cdot 2 \cdot 2 \cdot 2 \cdot 2 \cdot 2 \cdot 2 = 2^8$
$\quad 777 = 3 \cdot 7 \cdot 37$ $\qquad 512 = 2 \cdot 2 \cdot 2 \cdot 2 \cdot 2 \cdot 2 \cdot 2 \cdot 2 \cdot 2$
$\qquad\qquad = 2^9$

Klassenarbeit 2.1

Seite 46/47

1. a)

8	7	5	·	5	1	2
4	3	7	5	0	0	
		8	7	5	0	
		1	7	5	0	
			1	2	1	
4	4	8	0	0	0	

(2 Punkte)

b)

6	2	8	1	1	:	6	3	=	9	9	7
5	6	7									
	6	1	1								
	5	6	7								
		1	1								
		4	4	1							
		4	4	1							
				0							

(2 Punkte)

c)

	8	0	4	0	0	0
−		8	8	4	8	8
		1	1	1	1	1
	7	1	5	5	1	2

(2 Punkte)

2. a) Zum Beispiel:
Bauer Heinrich verkauft sein Getreide.
In jedem Sack sind 25 kg Getreide enthalten.
Insgesamt verkauft er heute 8 Säcke.
Frage: Wie viel kg Getreide hat Bauer Heinrich heute verkauft?
Rechnung: 25 kg · 8 = 200 kg
Antwort: Er hat heute insgesamt 200 kg Getreide verkauft. (3 Punkte)

b) Zum Beispiel:
Lukas hat vergessen seine Schreibtischlampe auszumachen, bevor er zu seiner Oma gefahren ist.
Insgesamt war die Lampe 72 h an. Wie viele Tage war die Lampe an und Lukas somit nicht zu Hause?
Rechnung: 72 h : 24 h = 3
Antwort: Die Lampe war 3 Tage lang an. (3 Punkte)
(jeweils 2 Punkte für die Rechengeschichte, 1 Punkt für die Rechnung)

3. a) $45 - (10 - 3)$
$= 45 - 7$
$= 38$ (2 Punkte, davon 1 für Term, 1 für Rechnung)

b) $(32\,814 + 76\,543) + (47\,536 - 38\,215)$
$= 109\,357 + 9\,321$
$= 118\,678$ (3 Punkte, davon 1 für Term, 2 für Rechnung)

4. a) Die Aussage stimmt, denn hiermit wird das Distributivgesetz beschrieben. (3 Punkte)

b) Die Aussage ist falsch:
Die fünfte Potenz von 2 ist $2^5 = 32$. (2 Punkte)

5.

	1	5	,	5	0
+		2	,	5	0
+		6	,	5	0
		1	1		
	2	4	,	5	0

	2	4	,	5	0
−	2	0	,	0	0
		4	,	5	0

Er muss sich 4,50 € leihen, um sich das Poster kaufen zu können.
(3 Punkte für Rechnungen, 1 Punkt für den Antwortsatz)

Zum Nacharbeiten					
Aufgabe	1	2	3	4	5
Schulbuch, Seite	63, 64, 75, 79	70	86, 87	94, 96	63, 64

Klassenarbeit 2.2

Seite 48/49

1. a) $4^3 - 45 : 9 \cdot 4$
$= 64 - 45 : 9 \cdot 4$
$= 64 - 5 \cdot 4$
$= 64 - 20$
$= 44$ (2 Punkte)

c) $8 \cdot 12 - 2 \cdot (3 + 5)$
$= 96 - 2 \cdot 8$
$= 96 - 16$
$= 80$ (2 Punkte)

b) $87 - 3 \cdot (16 - 2^4)$
$= 87 - 3 \cdot (16 - 16)$
$= 87 - 3 \cdot 0$
$= 87 - 0$
$= 87$ (2 Punkte)

2. a) $25 \cdot 5 € = 125 €$
Antwort: Der Händler muss 125 € bezahlen. (2 Punkte)

b) $25 \cdot 50$ Äpfel $= 1250$ Äpfel
Antwort: Er hat insgesamt 1250 Äpfel gekauft. (2 Punkte)

c) 1250 Äpfel − 75 Äpfel = 1175 Äpfel
$1175 \cdot 20$ Cent $= 23\,500$ Cent $= 235 €$
Antwort: Er nimmt 235 € ein. (3 Punkte)

d) $235 € - 125 € = 110 €$
Antwort: Es bleiben 110€ als Gewinn übrig. (1 Punkt)

3. a) $45 \cdot 16 + 2\,907 = 720 + 2\,907 = 3\,627$ (2 Punkte)

b) Antwort und Begründung durch Rechnung:
$a \cdot b \cdot c = $ Produkt
$2 \cdot a \cdot 3 \cdot b \cdot 4 \cdot c = 2 \cdot 3 \cdot 4 \cdot a \cdot b \cdot c = 24 \cdot a \cdot b \cdot c$
Antwort: Das Produkt muss mit 24 multipliziert werden. (3 Punkte)

4. Sinnvolle Einheiten: 300 g; 50 min; 569 €; 3,5 kg; 0,8 g; 8 mm (je 1 Punkt)

5. a) 3   **b)** 5 (je 2 Punkte)

Zum Nacharbeiten					
Aufgabe	1	2	3	4	5
Schulbuch, Seite	86, 94, 96, 97	75	86, 87	34, 38, 42	106, 107

Klassenarbeit 2.3

Seite 50/51

1. Beim Kreuzfahrtschiff müssen 2214 in Gruppen von je 76 Menschen eingeteilt werden:
$2\,214 : 76 = 29$ Rest 10.
Es müssen mindestens 30 Rettungsboote mitgeführt werden.
(Rechnung: 3 Punkte, Antwort/Interpretation: 2 Punkte)

2. Die Kosten von 1000€ werden auf 25 Kinder aufgeteilt:
$1000 : 25 = 40.$
Jedes Kind muss 40 € zahlen.
(Rechnung: 2 Punkte, Antwort: 1 Punkt)

3. a) Lösung: $x = 3$ **b)** Lösung: $x = 5$ (je 2 Punkte)

4. a) Die Brücke hat eine Tragfähigkeit von 14 t, der Bus wiegt 12,95 t. Die Personen im Bus dürfen noch
$14 t - 12,95 t = 1,05 t = 1050$ kg wiegen.
Bei einem Gewicht von 70 kg pro Person rechnen wir:
$1050 : 70 = 15.$
Es dürften 15 Personen im Bus sitzen bleiben, wenn diese im Durchschnitt 70 kg wiegen.
Die anderen 37 Personen müssen aussteigen und zu Fuß über die Brücke laufen. (4 Punkte)

b) Die vier Personen wiegen zusammen
38 kg + 34 kg + 85 kg + 68 kg = 225 kg.
Da die Höchstlast 250 kg beträgt, verbleiben nur noch
25 kg. Uwes Hund darf mit seinen 30 kg nicht mehr
mitfahren. (3 Punkte)

Zum Nacharbeiten			
Aufgabe	1, 2	3	4
Schulbuch, Seite	79, 80	106, 107	38, 79, 80

Klassenarbeit 2.4

Seite 52/53

1. a) 180 : 16 = 11 Rest 4
Die Ziellinie wird also 4 km hinter der Startlinie markiert.
(2 Punkte)

b) Michael braucht 72 min : 3 = 24 min für eine Runde,
Yannik benötigt 48 min : 2 = 24 min.
Beide haben die gleiche Rundenzeit. (2 Punkte)

c) In 24 Minuten schaffen die Rennfahrer 16 km (1 Runde),
also brauchen sie für 11 Runden 11 · 24 min = 264 min.
Für die verbleibenden 4 km braucht man 6 min.
Das Rennen dauert also mindestens 270 min = 4,5 h.
(2 Punkte)

2. a) Rechnung: 35 · 97 kg = 3 395 kg
4 600 kg – 3 395 kg = 1 205 kg
Der Lkw darf noch mit 1 205 kg beladen werden.
12 Kisten mit 117 kg wiegen 12 · 117 kg = 1 404 kg.
Es dürfen nicht mehr alle Kisten aufgeladen werden.
(3 Punkte)

b) Rechnung: 1 205 : 117 = 10 Rest 35
Es dürfen noch maximal 10 Kisten mit jeweils 117 kg
aufgeladen werden. (3 Punkte)

3.

	Richtig	Falsch	Begründung, Probe
(1)	✗		100 = 10 · 10, aber 10 ist nicht durch 100 teilbar.
(2)	✗		1 000 = 125 · 8
(3)	✗		81 = 27 · 3
(4)		✗	50 : 49 = 1 Rest 1
(5)		✗	24 : 16 = 1 Rest 8
(6)	✗		Ein Vielfaches von 0 ist immer noch 0.

(je 1 Punkt)

4. a) 180 = 2 · 2 · 3 · 3 · 5   **b)** 333 = 3 · 3 · 37   **c)** 525 = 3 · 5 · 5 · 7
(je 2 Punkte)

5. a) 2 731 ≈ 2 700   **b)** 253 481 ≈ 250 000
145 893 ≈ 145 900   99 999 ≈ 100 000
6 676 ≈ 6 700   347 611 ≈ 350 000
(je 0,5 Punkte)

Zum Nacharbeiten					
Aufgabe	1	2	3	4	5
Schulbuch, Seite	75, 78 – 80	63, 75, 79	109, 111	114	31

3. Körper und Figuren

Zum Aufwärmen: Verstehen und Üben

Körper, Vielecke und Geraden

Seite 54

1. Jonas: Kugel oder Zylinder oder Kegel
Marie: Kegel
Merle: Quader oder Prisma

2.

Gegenstand	geometrischer Körper
Tipi	Pyramide oder Kegel
z. B. Ball	Kugel
Packung Butterkeks	Quader (Prisma)
Zauberhut	Kegel oder Zylinder

Seite 55

3. Rakete: Zylinder und Kegel
Legostein: Quader (mit quadratischer Grundfläche) und
4 Zylinder
Fläschchen: 2 Zylinder, 1 sechsseitiges Prisma
Lolli: Kugel und Zylinder

4. (1) Seiten: $\overline{AB}$, $\overline{BC}$, $\overline{CD}$, $\overline{DE}$, $\overline{AE}$
Diagonalen: $\overline{AC}$, $\overline{AD}$, $\overline{BD}$, $\overline{BE}$, $\overline{CE}$
(2) Seiten: $\overline{GH}$, $\overline{HI}$, $\overline{IJ}$, $\overline{JK}$, $\overline{KL}$, $\overline{LG}$
Diagonalen: $\overline{GI}$, $\overline{GJ}$, $\overline{GK}$, $\overline{HJ}$, $\overline{HK}$, $\overline{HL}$, $\overline{IK}$, $\overline{IL}$, $\overline{JL}$

Seite 56

5.

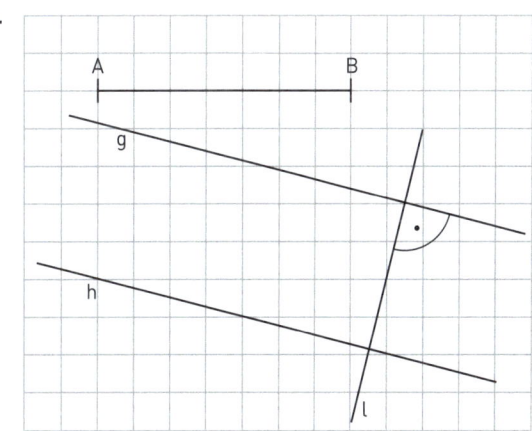

6. Die Aussagen (1), (3), (4), (5) und (7) sind wahr.

7. z. B.

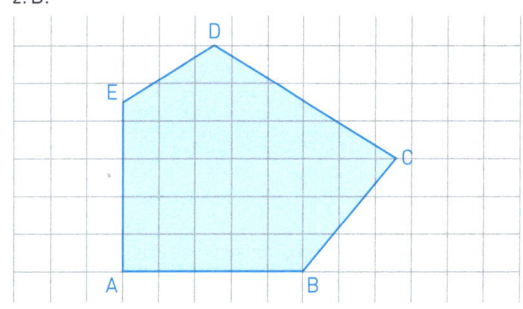

hier u = 2,5 cm + 2 cm + 3 cm + 1,5 cm + 2,2 cm = 11,2 cm

8. Abstand von A zu g: 1 cm
Abstand von B zu g: 2,5 cm

Seite 57

9.

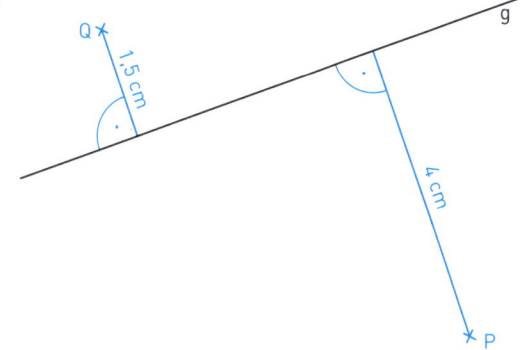

Die Punkte können auch anders liegen, sie müssen aber die geforderten Abstände 1,5 cm und 4 cm zur Geraden g haben.

Koordinatensystem

10.

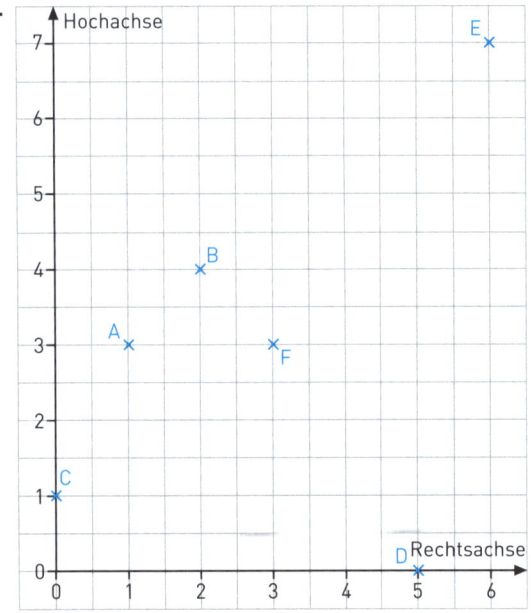

11. A (1 | 3); B (6 | 7); C (8 | 0); D (5 | 5)

Besondere Vierecke

Seite 58

12. (1), (2), (3), (4) und (6) sind wahr.

13. individuelle Lösungen, z. B.:
  a) Tür, Fenster, Schrank, …
  b) Bild, Notizblock, …
  c) Muster, z. B. auf Gardinen, …

Quader und Würfel

Seite 59

14. a)

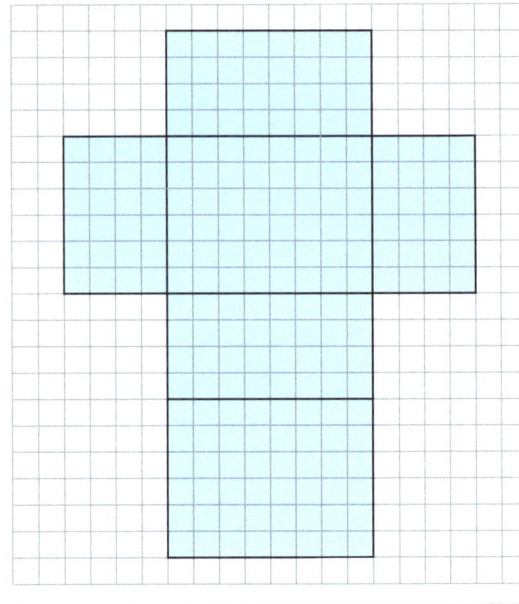

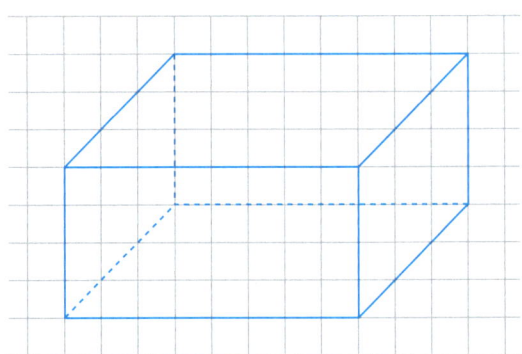

Hinweis: Mehrere Lösungsmöglichkeiten!

b)

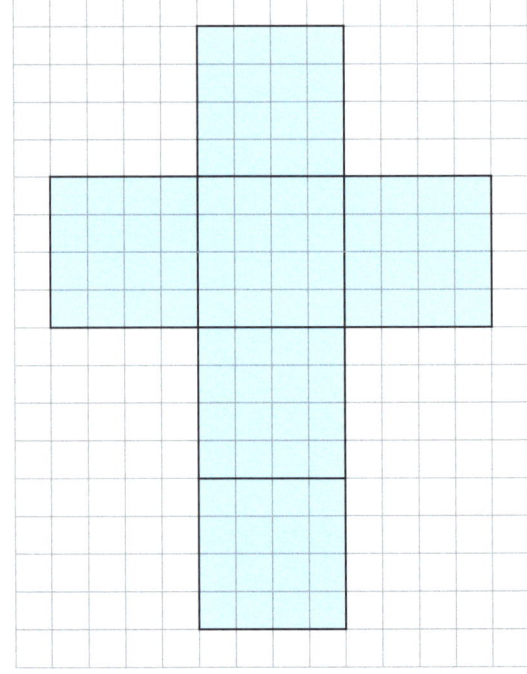

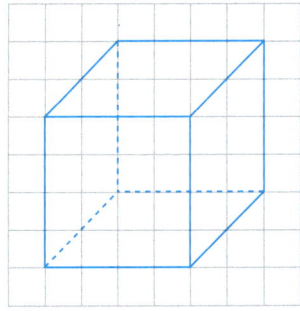

Hinweis: Mehrere Lösungsmöglichkeiten!

15. a) Alle Gegenstände außer der Dose sind Quader.
b) Die Verpackung ganz links und der 2. Gegenstand von rechts (Spielzeug) sind Würfel.

Klassenarbeit 3.1

Seite 60/61

1.

Gegenstand	Grundkörper
Dose	Zylinder
Orange	Kugel
achteckige Pralinenschachtel	Prisma (achtseitig)
Zuckerhut	Kegel
Buch	Quader
Kerze	Prisma, Kegel, Quader, Pyramide

(je 0,5 Punkte)

2. a) quadratische Pyramide
b) Zylinder
c) Quader
d) dreiseitige Pyramide (je 1 Punkt)

3. a) sechsseitiges Prisma
b) Quader mit quadratischer Grundfläche
c) Kegel (je 1 Punkt)

4. a) 12 Kanten, 6 Quadrate als Seitenflächen, 8 Ecken
b) 1 Quadrat, 4 Dreiecke als Seitenflächen, 5 Ecken
c) 2 Kreisflächen, keine Ecken, eine gewölbte Rechteckfläche
(je Eigenschaft 1 Punkt, jeweils max. 2 Punkte)

5. Die Höhe, die Länge und die Breite werden je 4-mal benötigt, also gilt:
l = 4·20 cm + 4·10 cm + 4·15 cm = 180 cm
Es werden 180 cm Draht benötigt.
(1 Punkt für den Ansatz, 2 Punkte für die Rechnung, 1 Punkt für den Antwortsatz)

6. Zylinder (Türme), Pyramiden (Dächer), Quader (Häuser, Turm), Prisma
(je 1 Punkt, max. 3 Punkte)

7. a)

ZT	T	H	Z	E
	1	2	0	5
4	3	6	7	0
		5	4	4
	1	2	5	0

(je 1 Punkt)

b) 43 670 > 1250 > 1205 > 544 (1 Punkt)

Zum Nacharbeiten			
Aufgabe	1, 3, 4, 6	2, 5	7
Schulbuch, Seite	124, 125	150, 151	16

Klassenarbeit 3.2

Seite 62/63

1. (1) Fünfeck, (3) Dreieck, (5) 10-Eck (Stern), (6) Fünfeck
(je 1 Punkt)

2. a)

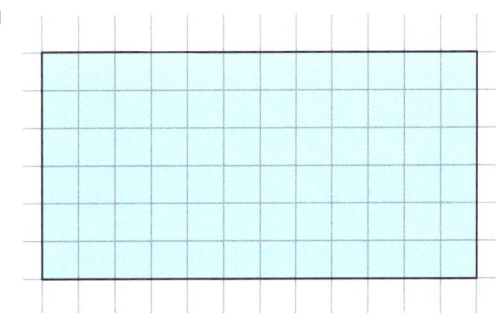

(2 Punkte)

b) verschiedene Möglichkeiten, z. B.

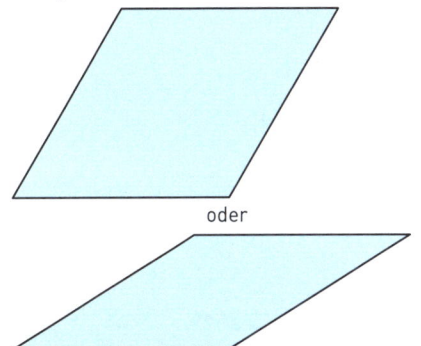

oder

(2 Punkte)

c) Es gibt mehrere Möglichkeiten, die parallelen Seiten müssen 3 cm und 5 cm lang sein, z. B.

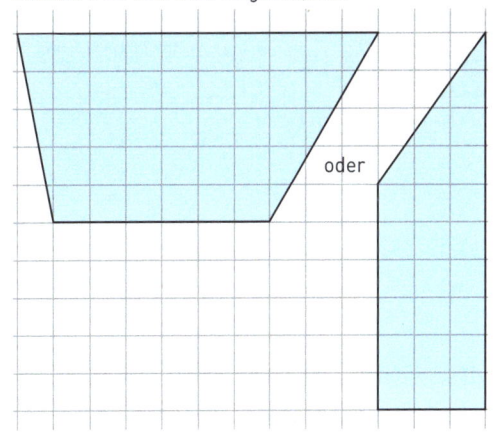

oder

(2 Punkte)

3.

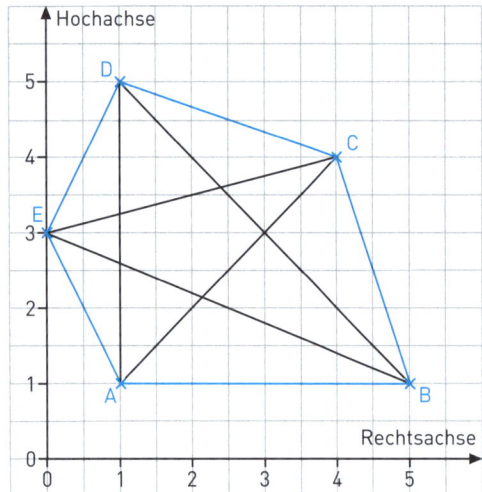

(Zeichnung 5-Eck: 2 Punkte; Diagonalen: 2 Punkte in c))

a) Fünfeck ABCDE　　　　　　　　　　　　　(2 Punkte)

b) Seiten: $\overline{AB}$, $\overline{BC}$, $\overline{CD}$, $\overline{DE}$, $\overline{AE}$　　　　(2 Punkte)

c) Diagonalen sind $\overline{AC}$, $\overline{AD}$, $\overline{BD}$, $\overline{BE}$, $\overline{CE}$

　　　　　　　　　　　　　　(2 Punkte für Zeichnung)

4. Die Aussagen (1), (4) und (5) sind wahr.

　　　　　　　　　　　　(je 1 Punkt für wahr/falsch)

5. Parallelogramm: C, D
Quadrat: C
Trapez: A, C, D　　　　　　　　　　　　(je 1 Punkt)

6. a) 16　　　　**b)** 120　　　**c)** 4　　　**d)** 0

　　　　　　　　　　　　　　　　　(je 1 Punkt)

Zum Nacharbeiten					
Aufgabe	1	2, 5	3	4	6
Schubuch, Seite	127 – 129	143	129, 132, 143	137 – 142	94, 96

Klassenarbeit 3.3

Seite 64/65

1. z. B. Wohnhäuser, Kühlschränke, Waschmaschinen, Bücher, Verpackungen, ...　　　(je 1 Punkt, max. 3 Punkte)

2. $12 \cdot 3\,\text{cm} = 36\,\text{cm}$
Sie benötigen 36 cm Draht.　　　　　　　(2 Punkte)

3.

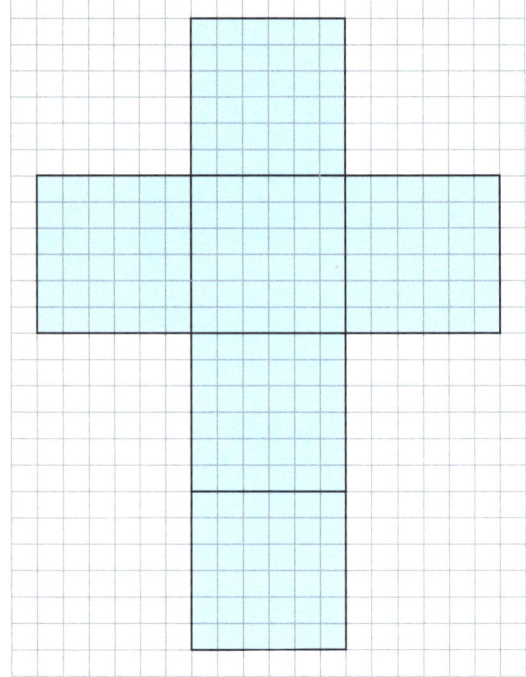

Hinweis: mehrere Lösungsmöglichkeiten!　　　(3 Punkte)

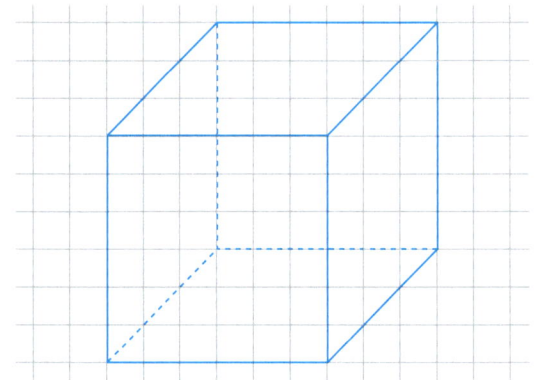

　　　　　　　　　　　　　　　　　　　　　(3 Punkte)

4.

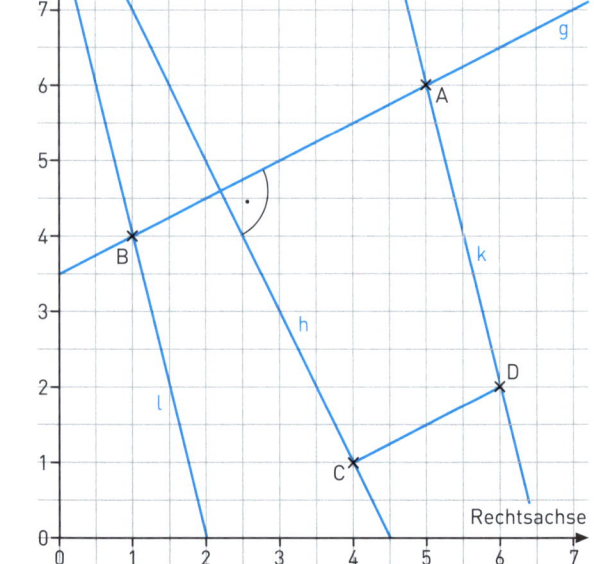

(**a**) jeder Punkt 0,5 Punkte, **b**) bis **e**) je 1 Punkt)

5. 100 cm – 4 · 12 cm – 4 · 6 cm = 28 cm
     28 cm : 4 = 7 cm
     Der Quader ist 7 cm breit.   (2 Punkte für den Ansatz,
        3 Punkte für die Rechnung, 1 Punkt für den Antwortsatz)
     Aufbewahrt werden können z. B. kleine Gegenstände wie
     Stifte, Bonbons, kleine Spielfiguren und Würfel.   (2 Punkte)

6. a) Umfang der ersten 2 Rechtecke:
     u = 2 · (3 cm + 2 cm) = 10 cm
     Umfang der nächsten 2 Rechtecke:
     u = 2 · (3 cm + 5 cm) = 16 cm
     Umfang der letzten 2 Rechtecke:
     u = 2 · (2 cm + 5 cm) = 14 cm   (je 2 Punkte)
   b) Quader   (1 Punkt)

7. Nein, es geht nicht, weil zwei Rechtecke zu klein sind.
     (1 Punkt für nein, 1 Punkt für Begründung)

8. a) 1827 kg = 1,827 t   **b)** 75 g = 0,075 kg
     655 g = 0,655 kg   1782 m = 1,782 km
     972 mm = 9,72 dm   516 m = 0,516 km
                                       (je 1 Punkt)

Zum Nacharbeiten								
Aufgabe	1	2	3	4	5	6	7	8
Schulbuch, Seite	124, 125	124, 125, 151, 152	150, 151	132, 135 – 138	151, 152	124, 125, 127, 128	151	34, 39

Klassenarbeit 3.4

Seite 66/67

1.

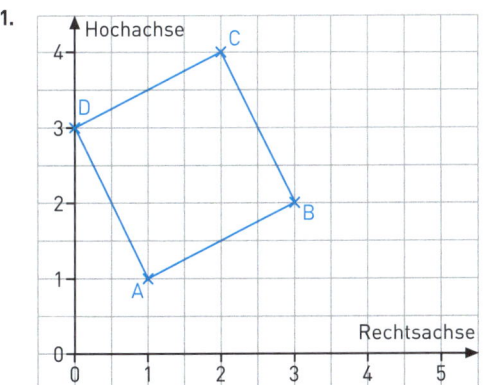

(1 Punkt für das Koordinatensystem,
je 1 Punkt für A und B, 2 Punkte für das Quadrat)
Der Abstand der Punkte beträgt 2,2 cm.   (1 Punkt)
Der Umfang des Quadrates beträgt 8,8 cm.   (1 Punkt)

2. a) ein Quadrat, vier Dreiecke   (2 Punkte)
   b) zwei Sechsecke, sechs Rechtecke   (2 Punkte)

3. a) g ∥ h
   b) |AC| = 5,8 cm
   c) h ⊥ c
   d) A ist Schnittpunkt von g und d.
   e) g ⊥ c
   f) BC ist eine Orthogonale zu g.   (je 1 Punkt)

4. Mit Worten: k ist parallel zu l.
     Mit Symbolen: k ∥ l   (je 1 Punkt)

5.

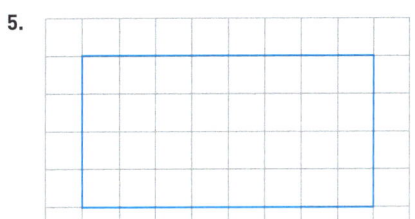

                                           (2 Punkte)
Die zweite Seite ist 2 cm lang.   (1 Punkt)

6. 20 cm : 4 = 5 cm
     Die Seitenlänge beträgt 5 cm.   (1 Punkt)

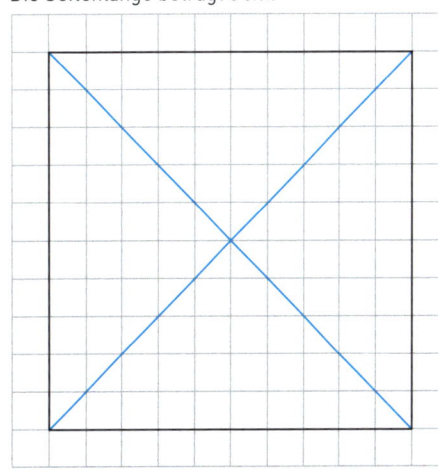

                                           (2 Punkte)

7.

Körper	(1)	(2)	(3)	(4)
	Pyramide	Kegel	Zylinder	Kugel
Ecken	5	0	0	0
Kanten	8	1	2	0
Flächen	5	2	3	1

                                           (je 0,5 Punkte)

Zum Nacharbeiten							
Aufgabe	1	2	3	4	5	6	7
Schulbuch, Seite	128, 132, 139	125	128, 135, 138, 141	138, 141	128, 143	128, 129	124, 125

4. Flächen- und Rauminhalte

Zum Aufwärmen: Verstehen und Üben

Flächeninhalt - Flächenvergleich

Seite 68

1. Die Flächen (1), (2) und (4) haben den gleichen Inhalt,
da die Flächen jeweils aus 40 kleinen Kästchen bestehen.
Die Fläche (3) besteht aus 48 kleinen Kästchen.

2. (1) u = 14 cm   (3) u = 14 cm
(2) u = 14 cm   (4) u = 13,7 cm

Seite 69

3. Die Flächen A und C haben denselben Inhalt, denn sie
bestehen aus jeweils 9 kleinen Kästchen; die Flächen D
und E haben auch denselben Inhalt, denn sie bestehen aus
jeweils 8 kleinen Kästchen.

4. a) $120\,000\,mm^2$ **b)** $3\,400\,mm^2$ **c)** $500\,a$
$8\,700\,m^2$ $12\,200\,a$ $85\,300\,ha$
$35\,600\,m^2$ $5\,400\,mm^2$ $3\,900\,cm^2$

5. a) $23\,dm^2$ **b)** $76\,cm^2$ **c)** $29\,ha$
$10\,m^2$ $49\,a$ $13\,km^2$
$69\,km^2$ $570\,a$ $120\,ha$

Seite 70

6. verkleinert:

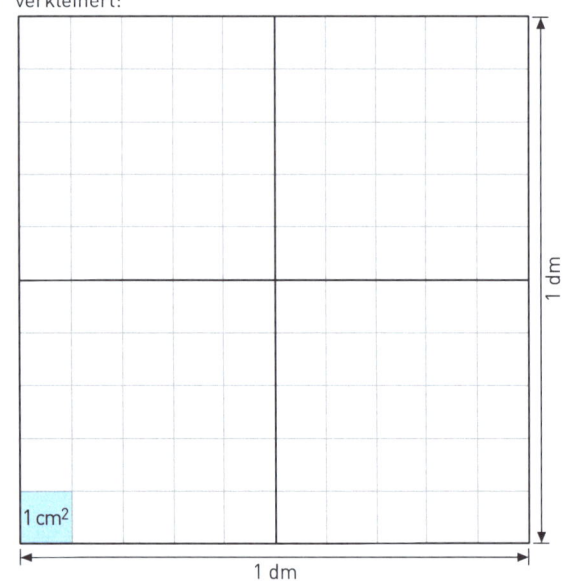

Das Quadrat hat einen Flächeninhalt von $1\,dm^2$ und enthält
100 Quadrate mit einem Flächeninhalt von $1\,cm^2$.

7. a) km^2 oder ha   **d)** dm^2 oder cm^2
b) cm^2 oder mm^2 **e)** dm^2 oder m^2
c) dm^2 **f)** m^2 oder a

8. a) $2,37\,cm^2$ **b)** $28\,000\,a$ **c)** $4,53\,m^2$
$0,564\,m^2$ $456\,000\,cm^2$ $56\,410\,a$

Seite 71

9. a) (1) $45\,m^2$ (2) $66\,m^2$ (3) $1\,m^2$
b) (1) $8\,ha$ (2) $647\,ha$ (3) $1\,ha$

10. a) $50\,300\,m^2$ **b)** $4\,050\,m^2$ **c)** $10\,321\,m^2$

11. a) $1000\,m^2 : 2 = 500\,m^2$
$500\,m^2 \cdot 20\,\frac{g}{m^2} = 10\,000\,g = 10\,kg$
Familie Fuchs muss 10 kg Samen kaufen.
b) $10\,000\,g = 100 \cdot 100\,g$
$2,00\,€ \cdot 100 = 200\,€$
Sie müssen 200 € bezahlen.

12. $45\,ha = 4\,500\,a$
$4\,500\,a - 500\,a - 87\,a = 3\,913\,a$
Eine Fläche von $3\,913\,a$ kann bebaut werden.

Seite 72

13. $9\,cm \cdot 13\,cm = 117\,cm^2$
$10\,cm \cdot 15\,cm = 150\,cm^2$
$13\,cm \cdot 18\,cm = 234\,cm^2$

14. $36\,a : 3 = 12\,a$
Jede Familie erhält bei gerechter Teilung 12 a.

15. $90\,m^2 : 9 = 10\,m^2$
Eine Garage darf höchstens $10\,m^2$ groß sein.

Seite 73

16. Das Rechteck hat die Maße $6\,cm \cdot 3\,cm$.
Weitere Rechtecke mit dem Flächeninhalt $18\,cm^2$:

a	b	u
18 cm	1 cm	38 cm
9 cm	2 cm	22 cm
4 cm	4,5 cm	17 cm

17. $40\,cm^2 : 8\,cm = 5\,cm$
Die zweite Seite des Rechtecks ist 5 cm lang.

18. $10\,m^2$

19. $A = 4\,cm \cdot 9\,cm = 36\,cm^2$
$36\,cm^2 : 3\,cm = 12\,cm$
Das zweite Rechteck ist 12 cm lang.
Ein flächengleiches Quadrat hat eine Seitenlänge von 6 cm,
denn $6\,cm \cdot 6\,cm = 36\,cm^2$.

20. a) Verlängert man die 5 cm lange Seite um 2 cm,
beträgt der Flächeninhalt $42\,cm^2$,
denn $(5\,cm + 2\,cm) \cdot 6\,cm = 42\,cm$.
b) Verlängert man die Seite a um 2 cm, beträgt der
Flächeninhalt $40\,cm^2$, denn $8\,cm \cdot 5\,cm = 40\,cm^2$.

Volumen von Körpern – Volumenvergleich

Seite 74

21. a) $12\,000\,mm^3$ **b)** $256\,000\,mm^3$ **c)** $500\,000\,dm^3$
$7\,760\,dm^3$ $90\,650\,mm^3$ $23\,000\,l$

Seite 75

22. a) $20\,l$ **b)** $5,437\,dm^3$ **c)** $78\,cm^3$
$8,9\,m^3$ $26,5\,dm^3$ $850\,m^3$

23. a) $V = 120\,cm^3$ **b)** $V = 490\,cm^3$
$O = 158\,cm^2$ $O = 378\,cm^2$
(Einheiten beachten.)

24. a) $50\,m \cdot 12\,m \cdot 5\,m = 3\,000\,m^3$
In das Becken passen $3\,000\,m^3 = 3\,000\,000\,l$ Wasser.
b) Bodenfläche: $50\,m \cdot 12\,m = 600\,m^2$
Wandflächen: $2 \cdot 12\,m \cdot 5\,m = 120\,m^2$
$2 \cdot 50\,m \cdot 5\,m = 500\,m^2$
Summe aller Flächen: $1\,220\,m^2$
Eine Fläche von $1\,220\,m^2$ muss gestrichen werden.

Seite 76

25. Wenn man alle Seitenlängen verdoppelt, wird das Volumen verachtfacht.
Beispiel: $a = 2\,cm$, $b = 4\,cm$, $c = 5\,cm$, $V = 40\,cm^3$
Seitenlängen verdoppelt: $a = 4\,cm$, $b = 8\,cm$, $c = 10\,cm$,
dann $V = 320\,cm^3$, $40\,cm^3 \cdot 8 = 320\,cm^3$

26. $70\,cm \cdot 80\,cm = 5\,600\,cm^2$
$560\,l = 560\,dm^3 = 560\,000\,cm^3$
$560\,000\,cm^3 : 5\,600\,cm^3 = 100\,cm = 1\,m$
Der Sockel ist 1 m hoch.

27. $35\,l = 35\,dm^3 = 35\,000\,cm^3$
$35\,000\,cm^3 : 700\,cm^2 = 50\,cm$
Die Quaderhöhe beträgt 50 cm.

28. $20 \cdot 8\,cm^3 = 160\,cm^3$
$160\,cm^3 : 40\,cm = 4\,cm^2$.
Die Grundfläche hat einen Flächeninhalt von $4\,cm^2$.

Seite 77

29. a) $V = 80\,cm \cdot 50\,cm \cdot 50\,cm = 200\,000\,cm^3 = 200\,dm^3$
b) $2\,t = 2\,000\,kg$
$2\,000\,kg : 20\,kg = 100$
Der Bauer kann 100 Ballen transportieren.

30. 1. Teilkörper: $V_1 = 13\,m \cdot 12\,m \cdot 4\,m = 624\,m^3$
2. Teilkörper: $V_2 = 7\,m \cdot 8\,m \cdot 4\,m = 224\,m^3$
Gesamter Körper: $V = 848\,m^3$
Weitere Lösungswege sind möglich.

31. a) 1. Teilkörper: $V_1 = 5\,cm \cdot 2\,cm \cdot 3\,cm = 30\,cm^3$
2. Teilkörper: $V_2 = 2\,cm \cdot 2\,cm \cdot 2\,cm = 8\,cm^3$
gesamter Körper: $V = V_1 + V_2 = 38\,cm^3$
b) 1. Teilkörper: $V_1 = 60\,m \cdot 40\,m \cdot 30\,m = 72\,000\,m^3$
2. Teilkörper: $V_2 = 10\,m \cdot 50\,m \cdot 40\,m = 20\,000\,m^3$
gesamter Körper: $V = V_1 - V_2 = 52\,000\,m^3$

Klassenarbeit 4.1

Seite 78/79

1. $A = 10,5\,cm^2$; $u = 17\,cm$ (2 Punkte für A, 1 Punkt für u)

2. a) $56\,a$; $54\,km^2$; $4\,500\,a$ (je 1 Punkt)
b) $7,6\,dm^2$; $40\,m^2$; $4\,300\,mm^2$ (je 1 Punkt)
c) $1512\,cm^2$; $512\,m^2$; $5\,604\,mm^2$ (je 1 Punkt)

3. a) Möglichkeiten:

a	b
1 cm	81 cm
2 cm	40,5 cm
3 cm	27 cm
6 cm	13,5 cm
9 cm	9 cm
10 cm	8,1 cm

(2 Punkte)

b) Das Quadrat hat eine Seitenlänge von 9 cm und einen Umfang von 36 cm.   (2 Punkte)

4. 1. Teilkörper: $V_1 = 5\,cm \cdot 3\,cm \cdot 3\,cm = 45\,cm^3$
2. und 3. Teilkörper: $V_2 = V_3 = 3\,cm^3$
Gesamter Körper: $V = 39\,cm^3$ (je 1 Punkt)

5. a) verkleinert:

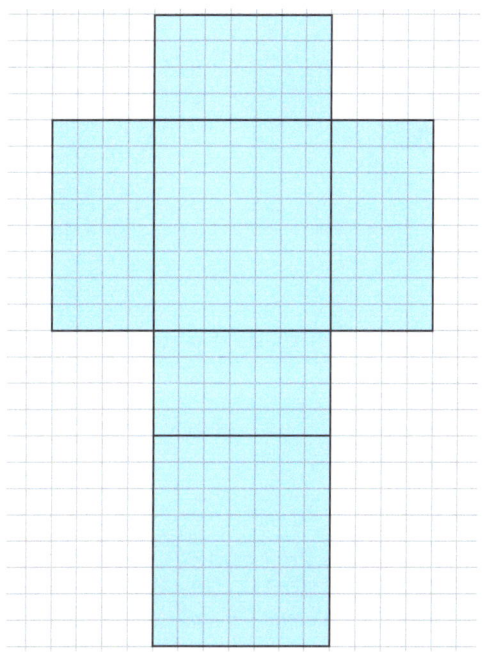

Es gibt weitere Möglichkeiten.   (3 Punkte)

b) $O = 2 \cdot 40\,mm \cdot 35\,mm + 2 \cdot 40\,mm \cdot 20\,mm$
$\qquad + 2 \cdot 35\,mm \cdot 20\,mm$
$O = 5\,800\,mm^2 = 58\,cm^2$
Der Oberflächeninhalt des Quaders beträgt $58\,cm^2$ oder $5\,800\,mm^2$.   (2 Punkte für den Ansatz, 1 Punkt für die Rechnung, 1 Punkt für den Antwortsatz)

c) $V = 40\,mm \cdot 35\,mm \cdot 20\,mm$; $V = 28\,000\,mm^3 = 28\,cm^3$
Sein Volumen beträgt $28\,cm^3$.   (3 Punkte)

Zum Nacharbeiten					
Aufgabe	1	2	3	4	5
Schulbuch, Seite	183, 184, 188	180, 181	183, 184	205, 206, 210	151, 205, 206

Klassenarbeit 4.2

Seite 80/81

1. Jeder Würfel hat ein Volumen von $1\,cm^3$, da
$1\,cm \cdot 1\,cm \cdot 1\,cm = 1\,cm^3$.
Die Figur hat also ein Volumen von $16\,cm^3$.   (2 Punkte)

2. Bei der Kantenlänge 2 cm hat jeder kleine Würfel ein Volumen von $2\,cm \cdot 2\,cm \cdot 2\,cm = 8\,cm^3$. Der gesamte Körper hat also ein Volumen von $16 \cdot 8\,cm^3 = 128\,cm^3$.   (3 Punkte)

3.

km^2		ha		a		m^2		dm^2		cm^2		mm^2		
			0	0	0	5	6	0	1					0,005601 ha
							4	6	7					4,67 m^2
			3	0	1	0	0							30 100 m^2
5	4	3	0	0										543 ha
						8	2	4	0	0				82 400 cm^2

(je Zeile 1 Punkt)

4.

Fläche	Einheit
Briefmarke	cm^2 oder mm^2
Nordrhein-Westfalen	km^2
Sportplatz	a oder m^2
Arbeitsblatt	cm^2, dm^2

(je 1 Punkt)

5. Das Rechteck hat die Seitenlängen a = 6 cm, b = 2 cm.

(2 Punkte für Seitenlängen, 2 Punkte für Zeichnung)

6. (1)   (2)   (3)   (4)

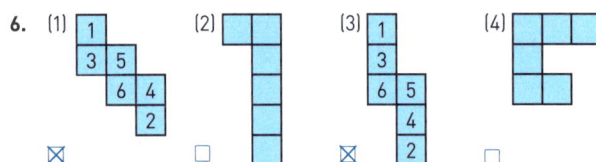

☒   □   ☒   □

(a) 2 Punkte, b) 4 Punkte)

Zum Nacharbeiten					
Aufgabe	1, 2	3	4	5	6
Schulbuch, Seite	198	180, 181	177, 179	183, 184	150, 151

Klassenarbeit 4.3

Seite 82/83

1. **a)** $1800\,cm^3 < 2\,000\,cm^3 < 2,8\,l < 4\,dm^3 < 1\,m^3$ *(1 Punkt)*

     b) $13\,dm^3 < 200\,000\,cm^3 < 5\,400\,l < 6\,000\,l < 15\,m^3$ *(1 Punkt)*

     c) $0,34\,cm^2 < 2\,300\,mm^2 < 25\,cm^2 < 1\,dm^2 < 1\,a$ *(1 Punkt)*

2. mögliche Kantenlängen in dm:

a	b	c	
12	2	1	denn $12\,dm \cdot 2\,dm \cdot 1\,dm = 24\,dm^3$
2	4	3	denn $2\,dm \cdot 4\,dm \cdot 3\,dm = 24\,dm^3$
6	2	2	denn $6\,dm \cdot 2\,dm \cdot 2\,dm = 24\,dm^3$ *(je 1 Punkt)*

3. **a)** $A = 60\,m \cdot 26\,m = 1560\,m^2$.

         Das Grundstück hat eine Fläche von $1560\,m^2$.   *(2 Punkte)*

     b) Wegfläche: $A = 60\,m \cdot 2\,m = 120\,m^2$

         Der Weg hat einen Flächeninhalt von $120\,m^2$.

         $120\,m^2 \cdot 85\,\frac{€}{m^2} = 10\,200\,€$

         Die Kosten für die Anlage des Weges betragen $10\,200\,€$.

         (3 Punkte)

     c) $u = 2\,(60\,m + 26\,m) = 172\,m$

         $172\,m \cdot 50\,\frac{€}{m} = 8\,600\,€$

         Das Errichten des Zaunes kostet $8\,600,00\,€$. Falls der Weg mit eingezäunt wird, kostet der Zaun nur $8\,400\,€$.

         (3 Punkte)

4. **a)** Das Aquarium fasst $200\,\ell$, wenn es bis 10 cm unter den Rand gefüllt ist.

         Annika muss 20-mal laufen.   *(3 Punkte)*

     b) Grundfläche des Aquariums: $80\,cm \cdot 50\,cm = 4\,000\,cm^2$

         $4\,000\,cm^3 : 4\,000\,cm^2 = 1\,cm$

         Die Sandschicht ist 1 cm hoch.   *(3 Punkte)*

5.

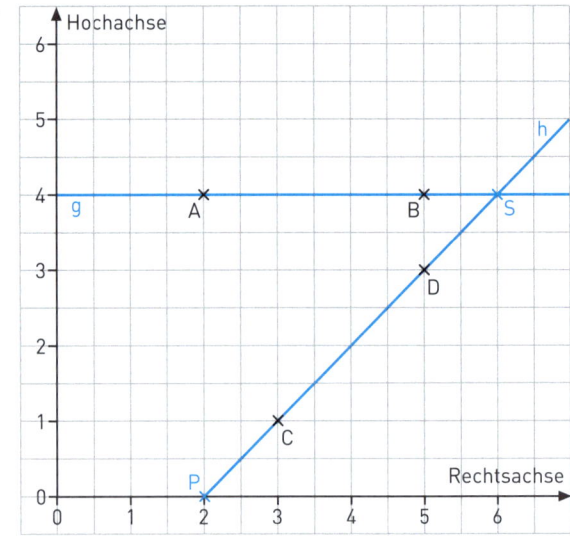

(2 Punkte)

a) $S\,(6\,|\,4)$ *(1 Punkt)*

b) $P\,(2\,|\,0)$ *(1 Punkt)*

c) Die Gerade g verläuft parallel zur Rechtsachse bzw. orthogonal zur Hochachse.   *(1 Punkt)*

Zum Nacharbeiten					
Aufgabe	1	2	3	4	5
Schulbuch, Seite	178, 202	205	183, 184	205, 207	132, 135, 142

Klassenarbeit 4.4

Seite 84

1. **a)** $6\,kg\,512\,g = 6\,512\,g$

         $5\,ha\,98\,a = 598\,a$

         $98\,dm^2\,10\,cm^2 = 9\,810\,cm^2$ *(je 1 Punkt)*

     b) $5\,dm^3\,983\,cm^3 = 5\,983\,cm^3$

         $56\,m^3\,9\,dm^3 = 56\,009\,dm^3$

         $67\,l\,980\,ml = 67\,980\,ml$ *(je 1 Punkt)*

2. **a)** $12\,090\,dm^3$; $45\,000\,cm^3$; $67\,000\,cm^3 = 67\,000\,ml$ *(je 1 Punkt)*

     b) $45\,000\,mm^2$; $670\,000\,dm^2$; $9\,823\,a$ *(je 1 Punkt)*

3. $A = 100\,m \cdot 50\,m - 20\,m \cdot 20\,m$ *(1 Punkt)*

     $A = 4\,600\,m^2$ *(1 Punkt)*

     $a = A : b = 4\,600\,m^2 : 92\,m$ *(1 Punkt)*

     $a = 50\,m$ *(1 Punkt)*

     Das Grundstück hat eine Breite von 50 m.   *(1 Punkt)*

4. $V_1 = 7\,dm \cdot 4\,dm \cdot 1\,dm = 28\,dm^3$ *(1 Punkt)*

     $V_2 = (5 - 1)\,dm \cdot 4\,dm \cdot 1\,dm = 16\,dm^3$ *(1 Punkt)*

     $V = V_1 + V_2 = 28\,dm^3 + 16\,dm^3 = 44\,dm^3$ *(1 Punkt)*

     Andere Wege zur Berechnung des Volumens sind möglich.

     $m = 44\,dm^3 \cdot 2,2\,\frac{kg}{dm^3} = 96,8\,kg$ *(1 Punkt)*

     Ein Stein wiegt 96,8 kg.   *(1 Punkt)*

5. Emils Aquarium: $V = 8\,dm \cdot 5\,dm \cdot 6\,dm$ *(1 Punkt)*

     $V = 240\,dm^3 = 240\,l$ *(2 Punkte)*

     Mika sollte also nicht tauschen, denn sein Aquarium ist größer als Emils. *(2 Punkte für Antwortsatz mit Begründung)*

Zum Nacharbeiten				
Aufgabe	1, 2	3	4	5
Schulbuch, Seite	178, 202	183, 184, 188	205, 210	199, 206

Klassenarbeit 4.5

Seite 85

1. **a)** $4500\,mm^2$; $91100\,l$; $65\,dm^3$ (je 1 Punkt)
   b) $0,13\,ha$; $550\,km^2$; $76\,dm^2$ (je 1 Punkt)
   c) $12\,km$; $34\,cm$; $450\,dm$ (je 1 Punkt)

2. Die Seitenlängen des zu zeichnenden Rechtecks betragen $4\,cm$ und $7\,cm$.
   (1 Punkt für 2. Seitenlänge, 2 Punkte für Zeichnung)

3. **a)** Wasserhöhe: $1\,m$ (1 Punkt)
   $V = 10\,m \cdot 4\,m \cdot 1\,m = 40\,m^3$ (1 Punkt)
   $V = 40\,000\,l = 400\,hl$ (1 Punkt)
   Das Becken fasst $400\,hl$ Wasser. (1 Punkt)
   b) Boden: $A = 10\,m \cdot 4\,m = 40\,m^2$ (1 Punkt)
   1. Seitenfläche: $A = 10\,m \cdot 1,80\,m = 18\,m^2$ (1 Punkt)
   2. Seitenfläche: $A = 4\,m \cdot 1,80\,m = 7,2\,m^2$ (1 Punkt)
   Gesamtfläche:
   $A = 40\,m^2 + 2 \cdot 18\,m^2 + 2 \cdot 7,2\,m^2 = 90,4\,m^2$ (1 Punkt)
   $90,4\,m^2$ Fliesen müssen gekauft werden. (1 Punkt)

4.

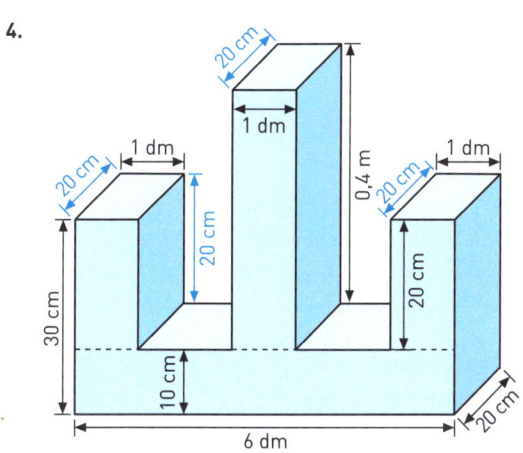

(2 Punkte für Skizze, fehlende Maße 2 Punkte)
Berechnung eines Teilkörpers nach Wahl:
1. Teilkörper: $V_1 = 1\,dm \cdot 6\,dm \cdot 2\,dm = 12\,dm^3$
2. und 3. Teilkörper: $V_2 = V_3 = 2\,dm \cdot 1\,dm \cdot 2\,dm = 4\,dm^3$
4. Teilkörper: $V_4 = 4\,dm \cdot 1\,dm \cdot 2\,dm = 8\,dm^3$ (3 Punkte)

Zum Nacharbeiten				
Aufgabe	1	2	3	4
Schulbuch, Seite	33, 34, 178, 181, 202	183, 184	178, 202, 205, 207	206, 210

5. Anteile – Brüche

Zum Aufwärmen: Verstehen und Üben

Einführung der Brüche

Seite 87

1. **a)** $\frac{3}{9} = \frac{1}{3}$ **b)** $\frac{5}{8}$ **c)** $\frac{5}{10} = \frac{1}{2}$

2. Die von Sophie benutzte Methode funktioniert nur, wenn alle Teile gleich groß sind. Sophie muss zuerst eine Zerlegung in gleich große Teile finden.

3. **a)** 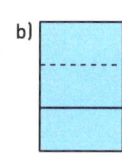 **b)**  **c)** 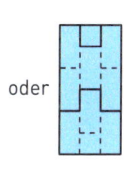 oder

4. **a)** Jedes Stück ist $\frac{1}{12}$ der ganzen Pizza.
   b) Jan hat $\frac{1}{6}$ der Pizza gegessen.
   $\frac{1}{12} + \frac{1}{12} = \frac{2}{12} = \frac{1}{6}$

Seite 88

5. **a)** Verhältnis: $1:3$ (1 zu 3); Bruch: $\frac{1}{4}$
   b) $16 \cdot 2 = 32$; $\frac{1}{4}$ von 32 sind 8.
   Peter hat im letzten Jahr 8 Spiele gewonnen.

6. **a)** $600\,ml$; $250\,ml$; $625\,ml$
   b) $300\,g$; $375\,g$; $400\,g$
   c) $45\,min$; $20\,min$; $50\,min$

7. **a)** 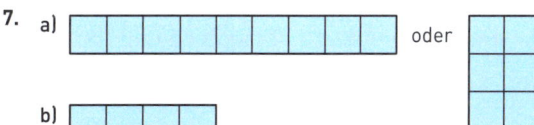 oder
   b)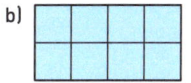
   c)

8. **a)** $3\frac{1}{2}$ **c)** $3\frac{1}{5}$ **e)** $5\frac{2}{5}$ **g)** $1\frac{5}{12}$ **i)** $2\frac{1}{19}$ **k)** $11\frac{1}{9}$
   b) $3\frac{1}{3}$ **d)** $6\frac{1}{3}$ **f)** $2\frac{3}{7}$ **h)** $6\frac{3}{5}$ **j)** $3\frac{1}{2}$ **l)** $10\frac{1}{11}$

Seite 89

9. **a)** $\frac{7}{2}$ **c)** $\frac{11}{5}$ **e)** $\frac{37}{5}$ **g)** $\frac{25}{12}$ **i)** $\frac{22}{19}$ **k)** $\frac{44}{9}$
   b) $\frac{17}{3}$ **d)** $\frac{13}{3}$ **f)** $\frac{36}{7}$ **h)** $\frac{33}{5}$ **j)** $\frac{49}{12}$ **l)** $\frac{50}{11}$

Brüche als Ergebnis einer Divisionsaufgabe

10.

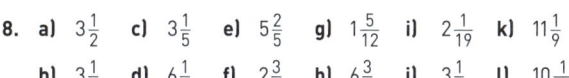

$2:5 = \frac{2}{5}$

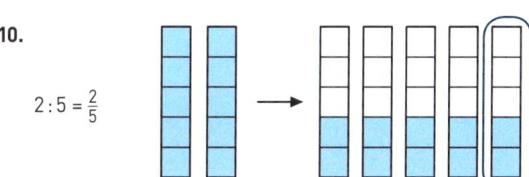

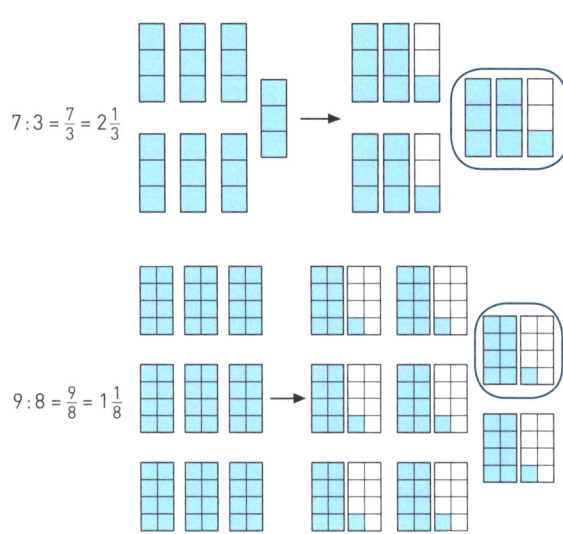

$7 : 3 = \frac{7}{3} = 2\frac{1}{3}$

$9 : 8 = \frac{9}{8} = 1\frac{1}{8}$

Seite 90

11. $3 : 2$ entspricht $\frac{3}{5} : \frac{2}{5}$. Jan erhält 12 €, Marie erhält 8 €.

12. a) Drei Pizzen werden auf fünf Freunde verteilt.
Man rechnet $3 : 5$. Das Ergebnis als Bruch ist $\frac{3}{5}$.

b) Wenn 183 € auf die 6 Jungen aufgeteilt werden, rechnet man $183 : 6$. Das Ergebnis als Bruch ist $\frac{183}{6} = 30\frac{1}{2}$.
Jeder muss 30,50 € zahlen.

c) $150 : 25 = 26$ Jeder darf für 6 € Eis bestellen.

13. a) $28\frac{1}{3}$ **c)** $26\frac{2}{3}$ **e)** 14 **g)** $14\frac{7}{12}$ **i)** $33\frac{1}{3}$ **k)** $137\frac{1}{9}$

    b) 25 **d)** $21\frac{1}{9}$ **f)** $24\frac{2}{7}$ **h)** 66 **j)** 37 **l)** 101

Brüche mit gleichem Wert – Erweitern und Kürzen

Seite 91

14. z. B.:

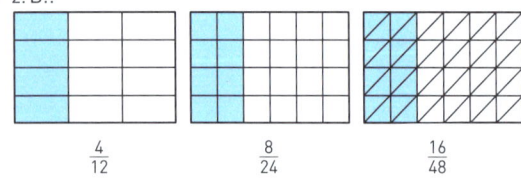

$\frac{4}{12}$ $\frac{8}{24}$ $\frac{16}{48}$

15. a) (1) $\frac{1}{2} = \frac{2}{4} = \frac{4}{8}$ (3) $\frac{1}{4} = \frac{5}{20}$

     (2) $\frac{2}{3} = \frac{6}{9}$ (4) $\frac{4}{7} = \frac{8}{14} = \frac{12}{21} = \frac{16}{28} = \dots$

b) Beim Erweitern kann man nicht jeden Nenner erhalten. Da der gegebene Nenner immer mit einer natürlichen Zahl multipliziert wird, sind nach dem Erweitern nur Vielfache des gegebenen Nenners möglich.

16. Erik hat die Kürzungszahl unter das Gleichheitszeichen geschrieben. Daran kann man erkennen, mit welcher Zahl er gekürzt hat.

17. a) $\frac{32}{56} = \frac{16}{28} = \frac{4}{7}$ **c)** $\frac{48}{72} = \frac{24}{36} = \frac{6}{9} = \frac{2}{3}$

     b) $\frac{60}{75} = \frac{20}{25} = \frac{4}{5}$ **d)** $\frac{63}{84} = \frac{21}{28} = \frac{3}{4}$

18. Jana muss Zahlen für den Zähler finden, die mit dem Nenner 30 keinen gemeinsamen Teiler haben. Da die Teiler von 30 die Zahlen 2; 3; 5; 6; 10 und 15 sind, kann Jana z. B. für den Zähler die Zahlen 7; 11; 13; 17 und 19 nehmen.
Beispiele: $\frac{7}{30}, \frac{11}{30}, \frac{13}{30}, \dots$

Anteile bei beliebigen Größen – Drei Grundaufgaben

Seite 92

19. a) $\frac{3}{5}$ von 30 km: $30 : 5 \cdot 3 = 6 \cdot 3 = 18$
Bis zum Picknick haben sie schon 18 km zurückgelegt.

b) $1 - \frac{3}{5} = \frac{5}{5} - \frac{3}{5} = \frac{2}{5}$
Bis zum Ziel fehlen noch $\frac{2}{5}$ der Gesamtstrecke.

20.

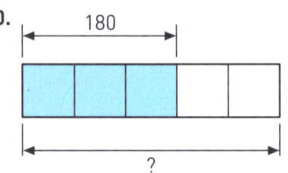

$180 : 3 = 60$; $5 \cdot 60 = 300$
60 € sind ein Fünftel des Gesamtpreises.
Das Fahrrad kostet also 300 €.

21. a) $\frac{120}{180} = \frac{12}{18} = \frac{2}{3}$

b) $1 : 2$ entspricht dem Verhältnis $\frac{1}{3} : \frac{2}{3}$.
Cindy muss also 100 ml Bananensaft und 200 ml Kirschsaft nehmen.

Seite 93

22. a) $\frac{400}{1000} = \frac{4}{10} = \frac{2}{5}$

b) $\frac{7}{10} \cdot 1000 \,\text{m} = 700 \,\text{m}$
Bis zum Ziel sind es noch 300 m.

c) Chris ist bereits 900 m von 1000 m gelaufen, also $\frac{900}{1000} = \frac{9}{10}$.

23. a) Annas Kaninchen frisst $\frac{1500}{20} \,\text{g} = 75 \,\text{g}$ Trockenfutter.
Es bleiben 1425 g übrig.

b) Lena hat noch etwa $\frac{9}{10}$ der Körnermischung.
Das sind 360 g.
Ein Zehntel entspricht also 40 g. Vorher waren es 400 g.

c) Max Hamster hat 100 g des Trockenfutters gefressen.
Er hat $\frac{100}{600} = \frac{1}{6}$ des Futters gefressen.

24. a) $\frac{1}{10}$ von 800 € sind $\frac{800}{10} \,\text{€} = 80 \,\text{€}$.
Der Fernseher kostet nun noch 720 €.

b) Für das Smartphone zahlt man 100 € weniger.
Der Anteil beträgt $\frac{100}{500} = \frac{1}{5}$.

c) Für die DVD zahlt man noch $\frac{2}{3}$ des Preises, nämlich 10 €.
Der volle Preis war 15 €.

Seite 94

25. a) Nina passt $\frac{2}{5}$ der Zeit auf Waldi auf.

b) Lara passt $\frac{3}{5}$ der Zeit auf Waldi auf.

c) Wenn man das Geld gemäß der Zeitanteile, in der die beiden Mädchen auf Waldi aufgepasst haben, aufteilt, erhält Nina $\frac{2}{5}$ von 10 €, also 4 €; Lara bekommt dann 6 €.

26. a) Anteil Fabian: $\frac{1000}{1500} = \frac{2}{3}$; Anteil Hendrik: $\frac{1000}{2000} = \frac{1}{2}$

b) Wenn Fabian sich von Hendrik verabschiedet, muss Hendrik noch 500 m fahren.
Er fährt noch $\frac{500}{2000} = \frac{1}{4}$ seines Schulweges.

Anteile in Prozent angeben

Seite 95

27. **a)** $\frac{37}{100} = 37\%$ **c)** $\frac{51}{100} = 51\%$ **e)** $\frac{64}{100} = 64\%$

b) $\frac{25}{100} = 25\%$ **d)** $\frac{15}{100} = 15\%$ **f)** $\frac{51}{100} = 51\%$

28. **a)** $\frac{1}{2} = 50\%$

$\frac{1}{4} = 25\%$

$\frac{1}{10} = 10\%$

$\frac{1}{20} = 5\%$

$\frac{1}{50} = \frac{2}{100} = 2\%$

c) $\frac{42}{600} = \frac{7}{100} = 7\%$

$\frac{230}{1000} = \frac{23}{100} = 23\%$

$\frac{21}{700} = \frac{3}{100} = 3\%$

$\frac{40}{80} = \frac{1}{2} = 50\%$

$\frac{28}{70} = \frac{4}{10} = \frac{40}{100} = 40\%$

b) $\frac{4}{200} = \frac{2}{100} = 2\%$

$\frac{10}{20} = \frac{50}{100} = 50\%$

$\frac{23}{50} = \frac{46}{100} = 46\%$

$\frac{36}{400} = \frac{9}{100} = 9\%$

$\frac{125}{500} = \frac{25}{100} = 25\%$

d) $\frac{12}{48} = \frac{1}{4} = 25\%$

$\frac{17}{170} = \frac{1}{10} = 10\%$

$\frac{15}{60} = \frac{1}{4} = 25\%$

$\frac{62}{200} = \frac{31}{100} = 31\%$

$\frac{18}{90} = \frac{2}{10} = \frac{20}{100} = 20\%$

29. **a)** $2\% = \frac{2}{100} = \frac{1}{50}$

$5\% = \frac{5}{100} = \frac{1}{20}$

$17\% = \frac{17}{100}$

$24\% = \frac{24}{100} = \frac{6}{25}$

$36\% = \frac{36}{100} = \frac{9}{25}$

c) $200\% = \frac{200}{100} = 2$

$250\% = \frac{250}{100} = \frac{5}{2}$

$1000\% = \frac{1000}{100} = 10$

$256\% = \frac{256}{100} = \frac{64}{25}$

$144\% = \frac{144}{100} = \frac{36}{25}$

b) $48\% = \frac{48}{100} = \frac{12}{25}$

$54\% = \frac{54}{100} = \frac{27}{50}$

$119\% = \frac{119}{100}$

$80\% = \frac{80}{100} = \frac{4}{5}$

$44\% = \frac{44}{100} = \frac{11}{25}$

d) $25\% = \frac{25}{100} = \frac{1}{4}$

$75\% = \frac{75}{100} = \frac{3}{4}$

$125\% = \frac{125}{100} = \frac{5}{4}$

$65\% = \frac{65}{100} = \frac{13}{20}$

$85\% = \frac{85}{100} = \frac{17}{20}$

Klassenarbeit 5.1

Seite 96/97

1. **a)** $\frac{10}{25} = \frac{2}{5}$ **c)** $\frac{9}{25}$ **e)** $\frac{8}{15}$

b) $\frac{13}{25}$ **d)** $\frac{5}{16}$ **f)** $\frac{4}{16} = \frac{1}{4}$

(jeweils 1 Punkt)

2. **a)**

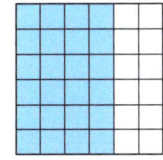

b) $\frac{6}{9} = \frac{24}{36} = \frac{8}{12}$

(jeweils 2 Punkte)

3. **a)** (1) $3\frac{2}{3}$ (2) $12\frac{1}{5}$ (3) $7\frac{5}{11}$

b) (1) $\frac{22}{7}$ (2) $\frac{50}{7}$ (3) $\frac{85}{13}$

(jeweils 1 Punkt)

4. **a)** $\frac{48}{240} = \frac{4}{20} = \frac{1}{5}$ (2 Punkte)

$\frac{1}{5} = \frac{20}{100} = 20\%$ (1 Punkt)

b) $100\% - 70\% = 30\%$

10 % von 240 Fahrrädern sind 24 Fahrräder.

30 % sind dann $3 \cdot 24 = 72$ Fahrräder.   (3 Punkte)

5. **a)** Verbrannte Fläche laut erster Zeitung:

$400\,\text{m} \cdot 3\,500\,\text{m} = 1\,400\,000\,\text{m}^2 = 1\,400\,\text{a} = 140\,\text{ha}$ (3 Punkte)

Die Angabe von 150 ha in der anderen Zeitung ist also etwas größer.   (1 Punkt)

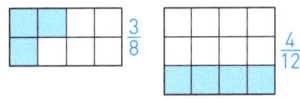

Zum Nacharbeiten					
Aufgabe	1	2	3	4	5
Schulbuch, Seite	225, 229	229, 239, 241	233	248, 250	183

Klassenarbeit 5.2

Seite 98/99

1. **a)**

$\frac{3}{8}$ $\frac{4}{12}$

(je 2 Punkte)

b) Carla hat recht, denn man kann den Bruch mit 2 kürzen und erhält dann den Bruch $\frac{3}{4}$. Schraffiert man von 4 Quadraten 3, so hat man $\frac{3}{4} = \frac{6}{8}$ schraffiert.   (2 Punkte)

2. $480\,€ - 300\,€ = 180\,€$

$\frac{180}{480} = \frac{18}{48} = \frac{3}{8}$ (2 Punkte)

Er muss noch $\frac{3}{8}$ des Preises sparen.   (1 Punkt)

3. **a)** $\frac{60}{100} = 60\%$ **b)** $\frac{52}{100} = 52\%$ **c)** $\frac{30}{100} = 30\%$

(jeweils 1 Punkt für die Brüche und Prozente)

4. **a)** Jonas schläft 56 Stunden von 168 Stunden.

Das ist ein Anteil von $\frac{56}{168} = \frac{1}{3}$.

b) Mit Essen verbringt er einen Anteil von $\frac{12}{168} = \frac{1}{14}$ der Woche.

c) Vor dem Computer oder Fernseher ist Jonas 24 Stunden von 168 Stunden. Der Zeitanteil beträgt $\frac{24}{168} = \frac{1}{7}$.

(je 2 Punkte)

5. **a)** Das Volumen beträgt

$40\,\text{cm} \cdot 40\,\text{cm} \cdot 30\,\text{cm} = 48\,000\,\text{cm}^3 = 48\,\text{dm}^3$

b) Die Oberfläche beträgt

$2 \cdot (40\,\text{cm} \cdot 40\,\text{cm} + 40\,\text{cm} \cdot 30\,\text{cm} + 40\,\text{cm} \cdot 30\,\text{cm})$

$= 8\,000\,\text{cm}^2 = 80\,\text{dm}^2$

c) 32 dm² sind rot. Das ist ein Anteil von $\frac{32}{80} = \frac{2}{5}$ an der gesamten Oberfläche.   (je 2 Punkte)

Zum Nacharbeiten					
Aufgabe	1	2	3	4	5
Schulbuch, Seite	229	229, 248	229, 250	241, 248	205, 206, 248

Klassenarbeit 5.3

Seite 100/101

1. **a)** A: $\frac{1}{3}$; B: $\frac{21}{50}$; C: $\frac{9}{4}$ (je 1 Punkt)

b) 42 %   (2 Punkte)

c) $2\frac{1}{4}$ (1 Punkt)

2. Die Brüche $\frac{1}{2} = \frac{6}{12} = \frac{5}{10} = \frac{9}{18}$ haben den gleichen Wert.

(2 Punkte)

Ebenso $\frac{4}{12} = \frac{6}{18} = \frac{2}{6} = \frac{8}{24} = \frac{1}{3}$.   (2 Punkte)

3. Beim Erweitern mit 2 verdoppelt sich der Wert des Bruchs nicht. Da die Stücke bei doppelt so großem Nenner nur halb so groß sind, beschreiben doppelt so viele dieser kleineren Stücke den gleichen Anteil. Erweitert man z. B. den Bruch $\frac{2}{3}$ mit 2, so sind beim erweiterten Bruch $\frac{4}{6}$ die Sechstelstücke nur halb so groß wie die Drittelstücke beim Bruch $\frac{2}{3}$. Man braucht also doppelt so viele Sechstelstücke, um den gleichen Anteil wie beim Bruch $\frac{2}{3}$ zu beschreiben.

(2 Punkte für Erläuterung, 2 Punkte für Beispiel)

4. **a)**   **b)**   **c)**

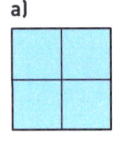 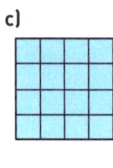

(je 2 Punkte)

5. Die vier Brüche $\frac{21}{12}$, $\frac{37}{74}$, $\frac{28}{77}$ und $\frac{63}{84}$ sind kürzbar.

Ihr Anteil an allen 7 Brüchen ist also $\frac{4}{7}$.   (4 Punkte)

6. Wenn 6 km $\frac{12}{13}$ der Gesamtstrecke sind, ist $\frac{1}{13}$ eine Strecke von 500 m, also $\frac{1}{2}$ km.

6 km + $\frac{1}{2}$ km = 6 $\frac{1}{2}$ km

Der gesamte Schulweg ist dann 6 $\frac{1}{2}$ km lang.   (4 Punkte)

Zum Nacharbeiten						
Aufgabe	1	2	3	4	5	6
Schulbuch, Seite	229, 233, 241, 250	241	239	229	241	246

Klassenarbeit 5.4

Seite 102/103

1. **a)** $\frac{30}{100}$ = 30 %   **b)** $\frac{50}{100}$ = 50 %   **c)** $\frac{33}{100}$ = 33 %

(je 1 Punkt)

2. **a)** $\frac{75}{100}$ = 75 %; $\frac{16}{40} = \frac{4}{10} = \frac{40}{100}$ = 40 %

     b) $\frac{1}{5}$ = 20 %; $\frac{185}{100}$ = 185 %

     c) $\frac{1}{5}$ = 20 %; $\frac{800}{100}$ = 8 = 800 %

     d) $\frac{30}{100}$ = 30 %; $\frac{13}{13} = 1 = \frac{100}{100}$ = 100 %   (jeweils 1 Punkt)

3. Der Hausmeister hat $\frac{1}{3}$ von 24 m³, also 8 m³ Schnee, geräumt.   (2 Punkte)

Auf dem Dach liegen noch 16 m³ Schnee.   (1 Punkt)

4. Aus dem Kinofilm wurden 16 von 160 Minuten herausgeschnitten. Das sind $\frac{16}{160} = \frac{1}{10}$ des gesamten Films.

(Rechnung 2 Punkte, Antwort 1 Punkt)

5. **a)** $\frac{1}{10}$ von 120 € sind 12 €.

     Peter hat schon 84 € gespart (7 · 12 = 84).

     Ihm fehlen noch 120 € – 84 € = 36 €.   (3 Punkte)

     b) $\frac{1}{5}$ von 120 € sind 24 €. $\frac{4}{5}$ von 120 € sind also 96 €. (2 Punkte)

     Seine Oma schenkt ihm also 96 € – 84 € = 12 €, dies ist von 120 € genau $\frac{1}{10}$.   (2 Punkte)

6. **a)** 34,7 cm   **b)** 45,934 km   **c)** 12,345 m²   **d)** 34 160 cm²

(je 1 Punkt)

Zum Nacharbeiten					
Aufgabe	1, 2	3	4	5	6
Schulbuch, Seite	229, 250	244	248	244, 245, 248	34, 178

Klassenarbeit 5.5

Seite 104/105

1. **a)** $\frac{3}{10}$ km = 300 m   **c)** $\frac{6}{5}$ kg = 1200 g

     b) $\frac{7}{20}$ m = 35 cm   **d)** $\frac{2}{3}$ h = 40 min   (jeweils 1 Punkt)

2. **a)** $\frac{3}{20} = \frac{15}{100}$ = 15 %   **c)** $\frac{36}{60} = \frac{6}{10} = \frac{60}{100}$ = 60 %

z. B. 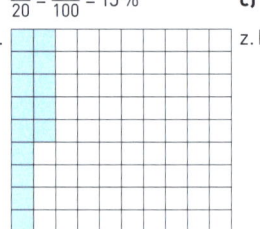   z. B.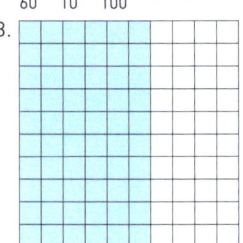

     b) $\frac{14}{50} = \frac{28}{100}$ = 28 %

z. B.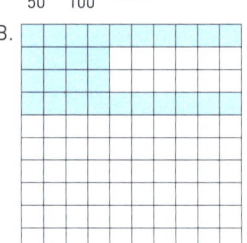

(jeweils
1 Punkt für die Rechnung,
1 Punkt für die Zeichnung)

3. **a)** Bruch: $\frac{12}{15} = \frac{4}{5}$

     Angabe in Prozent: $\frac{4}{5} = \frac{80}{100}$ = 80 %   (2 Punkte)

     b) Wenn 12 Tore $\frac{2}{5}$ entsprechen, sind 6 Tore $\frac{1}{5}$. Die ganze Mannschaft hat dann 5 · 6 = 30 Tore geschossen. Paulas Mitspielerinnen haben dann 30 – 12 = 18 Tore geschossen.   (4 Punkte)

4.

Name	Stimmen	Anteil in %
Ben	10	40 %
Chantale	8	32 %
Esra	5	20 %
Felix	2	8 %

(je 1 Punkt)

5. **a)** Volumen: 4 m · 5 m · 16 m = 320 m³   (1 Punkt)

     Oberflächeninhalt:

     (4 m · 5 m) · 2 + (4 m · 16 m) · 2 + (5 m · 16 m) · 2

     = 40 m² + 128 m² + 160 m² = 328 m²   (2 Punkte)

     b) 8 m · 8 m = 64 m²

     320 m³ : 64 m² = 5 m

     Der Quader ist also 5 m hoch.   (2 Punkte)

Zum Nacharbeiten					
Aufgabe	1	2	3	4	5
Schulbuch, Seite	34, 38, 42	239, 250	244, 245, 248, 250	239, 248, 250	205, 206, 207

Stichwortverzeichnis

A
Abstand 56
Addition 31, 33
Anteil 86, 92
Assoziativgesetz
• der Addition 31
• der Multiplikation 35

B
Balkendiagramm 11
Basis 41
Bruch 86
• echter 88
• unechter 88

D
Diagonale 55
Differenz 31
Distributivgesetz 40
Dividend 34
Division 34, 35
Divisor 34

E
Erweitern 90
Exponent 41

F
Faktor 34
Flächeninhalt 68, 72
• eines Rechtecks 71
Flächeninhaltseinheiten 69

G
gemischte Schreibweise 88
Gerade 55
Gewichtseinheiten 17
Größenvergleich 12
Grundseite 58

K
Kegel 54
Kommutativgesetz
• der Addition 31
• der Multiplikation 35
Koordinate 57
Koordinatensystem 57
Körper 54
Kugel 54
Kürzen 91

L
Längeneinheiten 16

M
Maßeinheit 16
Maßstab 19
Maßzahl 16, 86
Minuend 31
Multiplikation 34, 35

N
natürliche Zahlen 11
Nenner 86
Netz 59

O
Oberflächeninhalt
• eines Quaders 75
orthogonal 55

P
parallel 55
Parallelogramm 58
Potenz 41
Primzahl 45
Prisma 54
Produkt 34
Prozent 94
Pyramide 54

Q
Quader 54, 59
• Oberflächeninhalt 75
• Volumen 75
Quadrat 58
Quotient 34

R
Raute 58
Rechteck 58
• Flächeninhalt 71
• Umfang 71
Rhombus 58
runden 14

S
Säulendiagramm 11
Schenkel 58
Schnittpunkt 55
Schrägbild 59
senkrecht 55
Stellenwerttafel 11
Strecke 55
Subtrahend 31
Subtraktion 31, 33
Summand 31
Summe 31

T
Teilbarkeitsregeln 44, 45
Teiler 44
Term 38
Trapez 58

U
Umfang 55, 68
• eines Rechtecks 71

V
Variable 43
Verhältnis 86
Vieleck 55
Vielfaches 44
Viereck 58
Volumen 74, 76, 77
• eines Quaders 75
Volumeneinheiten 74
Vorrangregeln 38, 41

W
Würfel 54, 59

Z
Zahlenstrahl 13
Zähler 86
Zeiteinheiten 18
Zeitpunkt 18
Zeitspanne 18
Zylinder 54